Neu zugewanderte Jugendliche und junge Erwachsene an Berufsschulen

BEITRÄGE ZUR ARBEITS-, BERUFS- UND WIRTSCHAFTSPÄDAGOGIK

Gegründet von Gerhard P. Bunk
Weitergeführt von Andreas Schelten
Herausgegeben von Alfred Riedl und Ralf Tenberg

BAND 34

Barbara Baumann / Alfred Riedl

Neu zugewanderte Jugendliche und junge Erwachsene an Berufsschulen
Ergebnisse einer Befragung zu
Sprach- und Bildungsbiografien

Bibliografische Information der Deutschen Nationalbibliothek
Die Deutsche Nationalbibliothek verzeichnet diese Publikation
in der Deutschen Nationalbibliografie; detaillierte bibliografische
Daten sind im Internet über http://dnb.d-nb.de abrufbar.

Umschlagabbildung: © H. B., 2015

ISSN 0721-2917
ISBN 978-3-631-67418-5 (Print)
E-ISBN 978-3-653-06780-4 (E-Book)
DOI 10.3726/978-3-653-06780-4

© Peter Lang GmbH
Internationaler Verlag der Wissenschaften
Frankfurt am Main 2016
Alle Rechte vorbehalten.
Peter Lang Edition ist ein Imprint der Peter Lang GmbH.

Peter Lang – Frankfurt am Main · Bern · Bruxelles ·
New York · Oxford · Warszawa · Wien

Das Werk einschließlich aller seiner Teile ist urheberrechtlich
geschützt. Jede Verwertung außerhalb der engen Grenzen des
Urheberrechtsgesetzes ist ohne Zustimmung des Verlages
unzulässig und strafbar. Das gilt insbesondere für
Vervielfältigungen, Übersetzungen, Mikroverfilmungen und die
Einspeicherung und Verarbeitung in elektronischen Systemen.

Diese Publikation wurde begutachtet.

www.peterlang.com

Inhalt

Zu Beginn 7

Das Wichtigste in Kürze 9

1. Ein Blick auf die berufliche Bildung 13

2. Ein Blick auf Zuwanderung 19

3. Ein Blick auf die Situation an den bayerischen Berufsschulen 25

4. Erkenntnisinteresse der Studie 29

5. Theoretischer Bezugsrahmen 31

6. Methodisches Vorgehen 37
   a. Entwicklung des Befragungsinstruments 37
   b. Pretest 38
   c. Auswahl der Items 41
   d. Datenerhebung 48
   e. Datenaufbereitung und Datenanalyse 50

7. Ergebnisse der Studie 55
   a. Allgemeine personenbezogene Daten 55
   b. Sprachbiografie 65
   c. Spracherwerb Deutsch 81
   d. Bildungsbiografie 89
   e. Schlusskommentare 113

8. Reflexion zum methodischen Vorgehen 115
   a. Gestaltung des Fragebogens und Durchführung 115
   b. Sprache und Inhalt 118
   c. Technik 122

9. Ausblick 127

Literatur 131

Verzeichnis der Tabellen 141

Verzeichnis der Abbildungen 143

Verzeichnis der Abkürzungen 145

Verzeichnis der Anhänge 147

Zu Beginn

vor einem Jahr bin ich nach Deutschland gekommen. In den ersten sechs Monaten hatte ich leider keine Möglichkeit deutsch zu lernen aber ich habe einem Lehrbuch dabei gehabt und so mit viele Enthusiasmus habe ich versucht die deutsche Sprache komplett alleine zu hause zu lernen. zum gluck das habe ich geschafft. seit sechs Monate besuche ich die Berufsschule in [Ort] und bis jetzt habe ich meine Deutschkenntnisse verbessert. jeden tag sehe ich viele Verbesserung.

Ich bedanke mich dass ihr für uns interessiert habt

(schriftliche Kommentare von Schülerinnen und Schülern am Ende der Befragung)

Vielen Dank an alle Schülerinnen und Schüler für die Bereitschaft, im Rahmen der Befragung persönliche Auskünfte zu geben. Allen beteiligten Berufsschulen ein herzliches Dankeschön für die außergewöhnliche Unterstützung.

Bei der Entwicklung des Fragebogens und der Entstehung dieser Publikation haben uns viele Kolleginnen und Kollegen mit kritischen Anmerkungen und in Diskussionen weitergebracht. Sabine Reiter (Tür an Tür – Integrationsprojekte gGmbH) und Nora von Dewitz (Universität zu Köln, Mercator-Institut für Sprachförderung und Deutsch als Zweitsprache) haben sich mit dem vorliegenden Text ausführlich auseinandergesetzt und uns hilfreiche Rückmeldungen gegeben. Dankeschön dafür.

Ein ganz besonderer Dank gilt Bernd Hinträger für die persönliche und fachliche Begleitung der Studie, Maria Simml für ihre Hilfe bei der Datenauswertung und Felix Steffan für die Lektorierung des Textes.

Das Wichtigste in Kürze

Die folgenden Ausführungen basieren auf einer Datenerhebung in bayerischen Berufsschulklassen für neu zugewanderte Schülerinnen und Schüler aus dem Schuljahr 2014/15. Wenn in diesem Text von Bildungs- und Sprachbiografien die Rede ist, dann müssen diese Erkenntnisse als eine Momentaufnahme einer sehr spezifischen Zielgruppe interpretiert werden. Von Allgemeingültigkeit mit Blick auf Geflüchtete[1] oder – noch allgemeiner – Migrantinnen und Migranten in Deutschland kann nicht ausgegangen werden. Wesentliche Aspekte der Studie werden hier vorab zusammengefasst:

Die berufliche Bildung sieht sich aktuell mit diversen Herausforderungen konfrontiert. Genannt seien Schlagwörter wie demografischer Wandel, Fachkräftemangel, unbesetzte Lehrstellen, die deutliche Tendenz zu mehr Zulauf in akademische Ausbildungsgänge und sich in der Folge verringernde Schülerzahlen in der nichtakademischen beruflichen Bildung. Der größte Fokus liegt derzeit auf der beruflichen Integration steigender Zahlen an neu zuwandernden Menschen.

Zuwanderung wird im Moment stark mit Flucht und Asyl assoziiert. Die Zahlen des Bundesamts für Migration und Flüchtlinge (BAMF) zeigen für das Jahr 2014 jedoch, dass die größte Migration noch immer aus anderen Ländern der EU stammt (BAMF 2016a). Nichtsdestotrotz gewinnt Flucht als Migrationsursache nach Deutschland erheblich an Bedeutung.

In Bayern sind auch neu zugewanderte Menschen bis zum Alter von 21 (in Ausnahmefällen auch 25) Jahren auf der Basis des Bayerischen Gesetzes über das Erziehungs- und Unterrichtswesen (BayEUG) zum Besuch einer Schule verpflichtet. Für die ab 16-Jährigen ist dafür insbesondere das Übergangssystem der Berufsschulen relevant. Ab dem Schuljahr 2016/17 sollen 22.000 kürzlich nach Deutschland migrierte Schülerinnen und Schüler in 1.200 speziellen Berufsschulklassen verteilt über ganz Bayern unterrichtet werden. Das System existiert seit dem Schuljahr 2010/11 und umfasst für den einzelnen Schüler in der Regel zwei Berufsintegrationsjahre mit dem Ziel eines Schulabschlusses und des Übergangs in eine duale Ausbildung, weiterführende Schule oder ein Arbeitsverhältnis.

---

1 Es gibt aktuell Tendenzen, statt von *Flüchtlingen* von *Geflüchteten* zu sprechen, um mögliche negative Konnotationen des Suffixes -ling zu umgehen (s. zur medialen Diskussion bspw. Hildebrand (2015)). In diesem Text kommen beide Begriffe vor, *Flüchtling* speziell dann, wenn es sich um feststehende Ausdrücke wie *Bundesamt für Migration und Flüchtlinge* oder *Genfer Flüchtlingskonvention* handelt.

Das Erkenntnisinteresse der vorliegenden Studie liegt insbesondere auf der näheren Erforschung personenbezogener, sprach- und bildungsbiografischer Merkmale der Schülerinnen und Schüler. Dazu wurde auf der Basis von wissenschaftlichen Vorüberlegungen ein Online-Fragebogen erstellt und an sämtliche bayerischen Berufsintegrationsklassen im zweiten Beschulungsjahr verteilt. Die Befragung fand im Frühjahr und Sommer 2015 an allen angefragten 41 Schulen statt. Am Ende lagen 538 gültige Datensätze vor, auf die sich die folgenden Ergebnisse stützen.

Die Schülerinnen und Schüler befanden sich zum Zeitpunkt der Erhebung größtenteils zwischen ein und drei Jahren in Deutschland. Analog zu bundesweiten Statistiken sind unter ihnen rund ein Fünftel Frauen und vier Fünftel Männer. 60 Prozent der Befragten sind ohne Begleitung in Deutschland. Insgesamt wurden 44 Heimatländer benannt, wobei Afghanistan mit ca. 40 Prozent die mit Abstand häufigste Nennung ist. Die meisten Schülerinnen und Schüler kommen aus Asien (62 Prozent) oder Afrika (24 Prozent). Neun Prozent EU-Bürgerinnen und Bürger in den Klassen deuten darauf hin, dass die Schülerschaft mitnichten ausschließlich aus Geflüchteten besteht. Die Benennung der Klassen sollte demnach kein einzelnes Migrationsmotiv wie *Flucht* in den Vordergrund stellen, was mit Bezeichnung wie *Klassen für berufsschulpflichtige Asylbewerber und Flüchtlinge* der Falle ist. *Übergangsklasse* scheint eine von mehreren Möglichkeiten einer adäquateren Benennung.

Die Schülerinnen und Schüler geben im Durchschnitt 1,35 Muttersprachen an. Insgesamt finden sich 55 unterschiedliche Sprachnennungen. Die häufigste Muttersprache ist Dari. Abgesehen von den Muttersprachen schreiben, lesen, sprechen und verstehen die Befragten noch weitere Sprachen, insgesamt 64 verschiedene. Sprachkompetenzen sehen die Schülerinnen und Schüler für sich selbst dabei am ehesten in der Fertigkeit Lesen. Als Schulsprachen in der Heimat werden insbesondere die Amtssprachen der Länder und vor allem Englisch genannt. Rund 70 Prozent der Schülerinnen und Schüler mit schulischer Vorerfahrung in der Heimat sagen aus, dass sie Englisch gelernt haben. Für etwa sechs Prozent aller Befragten kann konstatiert werden, dass sie als Analphabeten nach Deutschland eingereist sind, d.h. bis dato in keiner Sprache des Schreibens oder Lesens mächtig waren. 70 Prozent geben an, dass sie noch eine oder mehrere weitere Sprachen erlernen möchten, am häufigsten Englisch. Oft genannte Gründe dafür sind die Faktoren *Interesse* und *wichtige Sprache in der Welt*.

Die Dauer des Spracherwerbs Deutsch beziffern die Befragten am häufigsten zwischen einem halben Jahr und eineinhalb Jahren. Die größte Hilfestellung für den Spracherwerb stellt die Berufsschule dar, am seltensten hilft die Familie. Nur sehr wenige Schülerinnen und Schüler verfügen über ein Deutschzertifikat, wenn dann haben sie jedoch den Deutschtest für Zuwanderer (dtz) absolviert. Bei der Frage nach Lernorten des Deutschen wird deutlich, dass institutionalisiertes Lernen von großer Bedeutung ist: Rund 70 Prozent der Nennungen entfallen auf die Berufsschule und Sprachkurse/-schulen.

Die Fragen nach der Bildungsbiografie in der Heimat ergeben folgendes Bild: Die Befragten haben zwischen null und 17 Jahren lang eine Schule in der Heimat besucht. Dementsprechend ist unter den Schularten von der Elementar- bis zur universitären Bildung eine große Bandbreite zu verzeichnen. Etwa die Hälfte der Schülerinnen und Schüler hat in der Heimat neun Jahre oder länger eine Schule besucht. Knapp zwölf Prozent blicken auf keinerlei Schulbildung zurück. Insgesamt fällt auf, dass die weiblichen Schülerinnen häufiger schulische Erfahrungen mit nach Deutschland mitbringen als ihre männlichen Mitschüler. Außerdem haben sie tendenziell länger eine Schule besucht als die Jungen bzw. Männer in den Klassen.

Gut 40 Prozent der Befragten haben in der Heimat schon einmal gearbeitet, die Schüler häufiger als die Schülerinnen. 43 Prozent hatten früher ein anderes berufliches Ziel als heute. Die aktuellen Berufswünsche differenzieren sich stark aus, insgesamt sind 78 verschiedene Berufe zu finden. Die weiblichen Befragten wünschen sich tendenziell Tätigkeiten im sozialen oder pflegerischen Bereich. Die männlichen Befragten sehen sich eher in technischen Berufen der Metall-, Elektro- oder Fahrzeugbranche. Wirtschaft/Verwaltung und Ernährung/Hauswirtschaft sind Branchen, die sich beide Geschlechter vorstellen können. Unter den Berufswünschen befinden sich bei weitem nicht nur sogenannte Mangelberufe. Auch ist nicht festzustellen, dass Berufe mit hohen sprachlich-kommunikativen Anforderungen gemieden werden.

Die Möglichkeit, zum Ende des Fragebogens einen Kommentar zu hinterlassen, nutzen die Schülerinnen und Schüler zum größten Teil für einen Dank oder zur Formulierung eines persönlichen Wunsches. Auch Lob oder Kritik am Fragebogen findet sich bisweilen.

Die ausführliche Methodendiskussion macht deutlich, dass die hohe Teilnahmebereitschaft und die Kommentare der Befragten grundsätzlich darauf hindeuten, dass der Fragebogen bei der beforschten Zielgruppe als geeignetes Erhebungsinstrument einzustufen ist. Details können nach den Erfahrungen der durchgeführten Studie für zukünftige Befragungen überarbeitet werden, darunter z.B. die Antwortmöglichkeiten bei den sprachbiografischen Items oder die Präzisierung der Frage nach den Lernorten der deutschen Sprache. Darüber hinaus ergaben sich methodische Grundsatzüberlegungen für die weitere Forschung mit neu zugewanderten jungen Menschen. Diskussionswürdig scheint beispielsweise die Frage, wie der Tendenz zu sozial erwünschtem Antwortverhalten begegnet werden kann. Die Entscheidung für eine elektronische Durchführung der Erhebung hat sich bewährt, setzt aber grundlegende Kompetenzen der Befragten im Umgang mit dem PC voraus. Neben der vereinfachten Datengewinnung, -übermittlung und -aufbereitung wird insbesondere die Möglichkeit der Filterführung bei elektronischen Befragungen gegenüber Papier-Bleistift-Erhebungen für gewinnbringend erachtet. Die Schülerinnen und Schüler erhalten damit ausschließlich für sie relevante Items.

Die Ergebnisse der Studie zeigen, dass unter den Schülerinnen und Schüler bzgl. diverser Merkmale mehr Vielfalt als Einheit festzustellen ist. Eine künstliche Homogenisierung der Schülerschaft ist weder angemessen noch gewinnbringend für die Planung und Begleitung von Bildungsprozessen. Entsprechend bedarf es flexibler Curricula und Lernmaterialien. Für die Lehrerbildung ergibt sich die Herausforderung, passende Aus- und Weiterbildungsangebote zu schaffen. Gelingt das Ziel des Übergangs in eine duale Ausbildung, so können bereits jetzt verschiedene Hürden antizipiert werden: Die Berufsschule mit ihren hohen Theorieanteilen wird die Schülerinnen und Schüler sprachlich und damit in der Konsequenz auch fachlich vor erhebliche Herausforderungen stellen. Zudem stellt sich die Frage, ob die bisherigen Ausbildungsstrukturen der Zielgruppe gerecht werden. Eine stärkere Modularisierung im Ausbildungssystem könnte ein geeigneter Lösungsansatz sein. Für die Forschung insgesamt ergeben sich aus den vorliegenden Ergebnissen mehr Fragen als Antworten. Erste Eckdaten sind von den hier befragten Schülerinnen und Schülern nun bekannt. Im Anschluss daran bedarf es insbesondere qualitativer Forschung für vertiefte Einblicke in die (beruflichen) Lebenswelten der neu zugewanderten Jugendlichen und jungen Erwachsenen.

1. Ein Blick auf die berufliche Bildung

Aufgaben beruflicher Bildung

Ein staatliches Bildungssystem steht vor den Aufgaben, jungen Menschen einen erfolgreichen Weg in Beruf und Arbeit zu eröffnen, integrativ allen Menschen eine gesellschaftliche Teilhabe je nach ihren Befähigungen zu ermöglichen sowie sie zur mündigen und autonomen Gestaltung ihres Lebens im Sinne eines demokratischen Grundverständnisses zu führen. Die weltweit als sehr erfolgreich anerkannte berufliche Bildung in Deutschland übernimmt wichtige Funktionen bei der ganzheitlichen Persönlichkeitsentwicklung des Menschen für seine Aufgaben in Staat, Gesellschaft und Privatleben. Gleichzeitig offenbart sich der Stellenwert der beruflichen Bildung in einer modernen Gesellschaft in der nationalen Fachkräfteversorgung sowie in der systematischen Förderung des Innovationspotentials in den Betrieben.

Die erlangte wirtschaftliche Stärke Deutschlands basiert zu einem erheblichen Teil auf seinem beruflichen Bildungssystem und hier besonders auf der international mit großem Interesse beachteten dualen Berufsausbildung. Die im internationalen Vergleich auf sehr hohem Niveau ausgebildeten nichtakademischen Fachkräfte sind ein wichtiges Element betrieblicher Wertschöpfung. Die duale Berufsausbildung verbindet betriebliches Lernen mit dem Lernen in der Berufsschule in staatlich anerkannten Ausbildungsberufen (ausführlicher s. Riedl 2011, S. 19ff.).

Herausforderungen für die berufliche Bildung

Obwohl die berufliche Bildung in Deutschland zurückblickend immer wieder vor großen Herausforderungen stand (s. ebd. S. 51ff.), konnte sie diese bisher erfolgreich meistern. Exemplarisch genannt seien z.B. die in den 1970er Jahren kaum zu bewältigende Nachfrage nach Ausbildungsplätzen oder die um 1990 einsetzende, äußerst kontroverse Diskussion zur Anpassungsfähigkeit der beruflichen Bildung an den beschleunigten technischen, wirtschaftlichen und sozialen Wandel in der Gesellschaft. In diesem Zug wurde das deutsche Berufskonzept als Basis für die nichtakademische berufliche Bildung stark in Frage gestellt. Überlegungen zu einer Modularisierung der beruflichen Erstausbildung wurden zwar angestellt, sie konnten sich jedoch nicht durchsetzen (siehe Riedl & Schelten 2013, S. 196ff.). Eine manifestierte Vorstellung zur herausragenden Bedeutung des Berufskonzeptes, nach der sich Berufskompetenz (siehe Riedl 2011, S. 37ff.)

in einem mehrjährigen, zeitlich zusammenhängenden Bildungsgang entwickelt, wirkte zusammen mit ordnungspolitischen Vorgaben für die berufliche Ausbildung in Deutschland einschränkend auf Möglichkeiten einer Modularisierung. Obwohl das deutsche Berufsbildungssystem ein Mischmodell aus staatlicher Steuerung und Marktsteuerung ist, liegt nach wie vor ein Großteil des Einflusses auf die Organisation einer Berufsausbildung bei den Regulierungsbehörden, die diesen Einfluss – auch vor dem Hintergrund des bisher bewährten und am Berufsprinzip ausgerichteten dualen Systems – kaum preisgeben wollen.

Bisher formen sich für die Berufsbildungs- und Arbeitsmarktpolitik zwei zentrale Bereiche aus, die nach Lösungsansätzen drängen: Einmal ist dies der sich seit einigen Jahren vollziehende demografische Wandel in einer alternden deutschen Bevölkerung. Davon sind bereits die sogenannten Neuen Bundesländer massiv betroffen, da dort seit längerem eine viel zu geringe Nachfrage nach Ausbildungsplätzen besteht. Die zweite Herausforderung resultiert aus dem deutlich ansteigenden Zugang von Absolventinnen und Absolventen allgemeinbildender Schulen zu den Hochschulen und Universitäten, was zu einem verminderten Zugang von Schulabgängern in eine nichtakademische berufliche Bildung führt. Dies könnte die über viele Jahre gewachsene und funktionierende Volkswirtschaft Deutschlands gefährden. Nida-Rümelin (2015, S. 16ff.) spricht bei dieser auch durch das Bildungssystem mitbedingten Entwicklung von einem „Akademisierungswahn", der dazu führen kann, dass „das duale System, das im Ausland so viel gelobte Modell der beruflichen Bildung, in Deutschland nicht zu retten" sei (ebd., S. 16). Die Besonderheiten dieses Ausbildungsmodells sind jedoch bisher auch ein Garant für eine im Vergleich zu anderen Ländern sehr niedrige Jugendarbeitslosigkeit, da mit der dualen Berufsausbildung, die neben anderen Zugangsmöglichkeiten zu einer berufsrelevanten Bildung und zum Arbeitsmarkt, insgesamt eine für viele offene und geeignete Einstiegsoption besteht.

Eine weitere, bisher äußerst kontrovers geführte Diskussion befasst sich mit dem seit einigen Jahren prophezeiten Fachkräftemangel. Aktuell lässt sich keinesfalls ein durchgängiger Mangel an hinreichend qualifizierten Arbeitnehmern für alle Wirtschaftsbereiche konstatieren. Doch für viele Firmen in bestimmten Wirtschaftssegmenten wird es immer schwieriger, offene Stellen mit qualifizierten Fachkräften bzw. Ausbildungsinteressierten zu besetzen. So fehlen akademische als auch nichtakademische Fachkräfte bereits heute in technischen Berufen, dem sogenannten MINT-Bereich mit Mathematik, Informatik, Naturwissenschaften, Technik sowie im Gesundheits- und Pflegebereich. Prognosen gehen davon aus, dass sich dieser Mangel weiter verschärfen wird, wenn die geburtenstarken Jahrgänge der 1950er und 1960er Jahre in den nächsten Jahren aus dem Berufsleben ausscheiden.

Aktuell verzeichnet der Berufsbildungsbericht (BMBF 2015a, S. 10) bei den neu abgeschlossenen Ausbildungsverträgen einen Rückgang von 1,4 Prozent. Vor dem Hintergrund der geringeren Zahlen an jungen Menschen, die demografisch bedingt aus den allgemeinbildenden Schulen ausscheiden, wäre diese Entwicklung kaum besorgniserregend. Dramatisch sind jedoch die vielen unbesetzten Ausbildungsstellen, die im langjährigen Vergleich einen neuen Höchststand erreicht haben. Ihnen stehen gleichzeitig viele unversorgte Bewerberinnen und Bewerber gegenüber. Folglich besteht hier ein erhebliches Passungsproblem (ebd., S. 47ff.). Dies bedeutet, dass es offensichtlich sehr viel schwieriger geworden ist, das betriebliche Ausbildungsangebot und die damit verbundenen Anforderungen mit den Ausbildungswünschen der Jugendlichen und deren Berufsvorstellungen zusammenzuführen.

Der bis vor einigen Jahren noch bedrohlich große Übergangsbereich in die berufliche Bildung ist seit 2005 deutlich geschrumpft (Rückgang bis 2014 um 38,7 Prozent). Hier haben junge Menschen, die z.b. keinen Ausbildungsplatz gefunden haben, die Möglichkeit, mithilfe von berufsvorbereitenden Fördermaßnahmen z.b. Schulabschlüsse nachzuholen und ihre individuellen Chancen auf einen Ausbildungsplatz zu erhöhen. Besonders stark sind im Übergangsbereich Jugendliche vertreten, die einen Hauptschulabschluss (49,5 Prozent) oder keinen Schulabschluss (21,3 Prozent) haben (BMBF 2015a, S. 37).

Der Rückgang junger Menschen im Übergangsbereich ist eng damit verbunden, dass aufgrund geringer werdender Absolventenzahlen aus den allgemeinbildenden Schulen ein größer werdender Teil leistungsschwächerer Jugendlicher nun einen Ausbildungsplatz erhält. Zunächst ist dies als eine positive Entwicklung zu sehen, da damit die traditionelle Stärke der dualen Berufsausbildung wieder mehr zum Tragen kommt, nämlich bildungsschwächere junge Menschen beruflich zu integrieren (s. Riedl & Schelten 2013, S. 67). Andererseits geht aus dem zahlenmäßig kleiner werdenden Übergangsbereich gleichzeitig ein weiteres Problem bei der Besetzung von Ausbildungsplätzen mit geeigneten Bewerberinnen und Bewerbern hervor: Ein großer Teil der Ausbildungsberufe ist theoretisch zunehmend anspruchsvoller geworden und so ist von Seiten der Betriebe immer wieder zu hören, dass die Ausbildungsreife der in eine Berufsausbildung einmündenden Jugendlichen erheblich zurückgegangen sei. Um diese Widersprüchlichkeit aufzufangen, bedarf es struktureller Maßnahmen wie z.B. einer verstärkten Berufsvorbereitung bereits an allgemeinbildenden Schulen, damit auch leistungsschwächere Schülerinnen und Schüler eine für sie passende Berufsausbildung durchlaufen können. Zusammenfassend ist zu sagen, dass der Übergangsbereich trotz rückläufiger Zugangszahlen eine feste Größe mit hoher bildungspolitischer Brisanz bleibt, da ein großer Teil der jungen Menschen, die diesen Bereich durchlaufen, auch im Anschluss daran nicht in eine Berufsausbildung einmündet (BMBF 2015b, S. 183ff.).

Bisher hat sich das berufliche Bildungssystem in Deutschland auch bei einem erheblich verschärften nationalen wie internationalen Wettbewerb als äußerst konkurrenzfähig erwiesen, da seine hohe Wandlungs- und Anpassungsfähigkeit offenbar wurde. Damit diese Adaptivität auch weiter erhalten bleibt, ist eine naheliegende Konsequenz, dass sich das duale System der beruflichen Erstausbildung – bisher als zentrale Säule der beruflichen Bildung in Deutschlang bezeichnet – ebenfalls weiter verändern wird bzw. muss.

Einwanderungsland Deutschland – Integrationsaufgaben

Deutschland ist ein Einwanderungsland. Die Zahlen der OECD belegen, dass die Bundesrepublik Deutschland im Jahr 2012 erstmalig auf Rang 2 nach den USA bei den dauerhaften Zuwanderern rückte und damit klassische Einwanderungsländer wie Kanada und Australien hinter sich gelassen hat. Waren es 2012 noch die Folgen der Wirtschafts- und Finanzkrise, die immer mehr Menschen aus der EU nach Deutschland führten, so sind es heute zunehmend auch Flüchtende aus den weltweit existierenden Krisenregionen. Somit sind Migration und Integration entscheidende Zukunftsthemen für die Politik, das Bildungswesen, den Arbeitsmarkt und die Gesellschaft. Damit entsteht ein besonders dringender Handlungsbedarf zur Verbesserung der Ausbildungschancen junger Menschen mit Migrationshintergrund. Schon bisher liegt deren Ausbildungsanfängerquote (32,1 Prozent) deutlich unter der junger Deutscher (57,0 Prozent, siehe BMBF 2015a, S. 54). Menschen mit Migrationshintergrund sind hier klar benachteiligt.

Integration kann nur gelingen, wenn sie verschiedene Bereiche wie Sprache, Kultur oder Grundwerte berührt. „Aber letztlich wird Integration in all diesen Dimensionen nur gelingen, wenn es auch gelingt, die Integration in den Arbeitsmarkt zu schaffen. Wenn sich Menschen jahrelang nicht in unseren Arbeitsmarkt einbringen können, kein Einkommen erzielen und untätig abwarten müssen, so wird dies Unzufriedenheit und Resignation hervorrufen, radikale Kräfte stärken und letztlich eine bereitwillige Integration in unsere Gesellschaft nahezu unmöglich machen" (Wößmann 2016, S. 11). Spracherwerb und berufliche Qualifizierung sind somit entscheidende Faktoren. Zwar ist die Integration von neu Zugewanderten auch in Bildungs- und Ausbildungssysteme eine menschenrechtliche Forderung und eng mit der Wahrung der Grundrechte von Individuen verbunden. Unabhängig davon besteht durch die Zuwanderung aber auch ein Potenzial für das demografisch alternde Einwanderungsland Deutschland.

Effekte von Zuwanderung für den Arbeitsmarkt

Das Erwerbspersonenpotenzial in Deutschland als Maß für das im Inland zur Verfügung stehende Angebot an Arbeitskräften geht aufgrund des Bevölkerungsrückgangs in den kommenden Jahrzehnten nach Schätzungen des Instituts für Arbeitsmarkt- und Berufsforschung (IAB) deutlich zurück. Auch ein kräftiger Anstieg der Erwerbsquote von Frauen und eine weiter steigende Zuwanderung können diesen Prozess zwar verlangsamen, aber nicht aufhalten. Gleichzeitig erhöht sich das Durchschnittsalter der im Arbeitsmarkt befindlichen Personen, wobei die Zahl der Erwerbspersonen jüngeren und mittleren Alters dramatisch sinkt (IAB 2005). Durch die Zuwanderung von Asylbewerberinnen und Asylbewerbern steigt das Erwerbspersonenpotenzial mittelfristig um knapp 600.000 Personen, was einer Zunahme von 1,3 Prozent entspricht. Der Effekt auf den Jahresmittelwert ist im Jahr 2015 mit unter 50.000 Personen noch gering. Er steigt nach Prognosen des IAB (2015a) auf über 380.000 Personen im Jahr 2016 und auf 640.000 Personen in 2018. Da überwiegend junge Asylsuchende nach Deutschland kommen, wirken sie dem gestiegenen Durchschnittsalter von Erwerbspersonen bei der Übernahme einer Berufstätigkeit entgegen, da sich in den Altersgruppen bis 44 Jahren positive Effekte der Zuwanderung am stärksten abzeichnen werden.

Allerdings muss auch bedacht werden, dass die nachhaltige Integration von Geflüchteten und anderen Migrantinnen und Migranten in den Arbeitsmarkt nur langfristig gelingen kann. Aus zurückliegenden Erfahrungen mit der Zuwanderung von Geflüchteten zeigt sich, dass ihr Anteil an den Beschäftigten in der Bevölkerung im Alter von 15 bis 64 Jahren im Zuzugsjahr durchschnittlich bei acht Prozent liegt, nach fünf Jahren bei knapp 50 Prozent, nach zehn Jahren bei 60 Prozent und nach 15 Jahren bei knapp 70 Prozent (IAB 2015b, Parusel 2015, S. 315 zu vergleichbaren Erfahrungen in Schweden). Damit gelingt Geflüchteten im Vergleich zu anderen Migrantengruppen die Integration in den Arbeitsmarkt deutlich später. Erst nach ca. 15 Jahren lassen sich solche Unterschiede nicht mehr feststellen.

Qualifikation von Zuwanderern

Insgesamt betrachtet lässt die Altersstruktur der Asylbewerberinnen und Asylbewerber einiges Potenzial erkennen. 2014 waren 81 Prozent der Asylerstantragsteller 35 Jahre und jünger, 70 Prozent waren 30 Jahre und jünger und mit 55 Prozent mehr als die Hälfte jünger als 25 Jahre. Der Kinderanteil (bis 15 Jahre) beträgt 28 Prozent, die 16- bis 24-Jährigen machen 27 Prozent aus. Insgesamt sind 81 Prozent der Geflüchteten im erwerbsfähigen Alter. Da auch 2015 (bis einschließlich Oktober) mehr als die Hälfte der Geflüchteten mit gestellten Asylerstanträgen entweder noch im Schulalter ist oder der Altersgruppe der 16- bis 24-Jährigen angehört, die sich üblicherweise in Ausbildung befindet, muss deren Bildungspotenzial als sehr hoch eingeschätzt werden (s. IAB 2015b).

Mit Blick auf vorhandene bzw. angegebene Bildungskarrieren stellt sich die Frage, inwieweit ein großer Teil der Geflüchteten – oder allgemeiner gesprochen der Migrantinnen und Migranten – hier in Deutschland ausgebildet werden kann und von welchem Bildungsniveau dabei auszugehen ist. Dazu sind Angaben über die Kompetenzniveaus der schulischen Bildung in den Herkunftsländern hilfreich.

2. Ein Blick auf Zuwanderung

Das Institut für empirische Medienforschung wertet kontinuierlich Nachrichtensendungen des deutschen Fernsehens aus. 2015 beherrschte das Thema *Flüchtlinge* monatelang Nachrichtensendungen wie tagesschau, heute etc., insbesondere im Spätsommer und Herbst: „Die Flüchtlingskrise in Deutschland und Europa war auch im Monat September das alles beherrschende Thema in den Fernsehnachrichten. Nicht weniger als 12,5 Stunden (750 Minuten) berichteten allein die Hauptnachrichtensendungen der vier größten Fernsehsender über dieses Thema. Mit weitem Abstand folgte auf Platz 2 der VW-Skandal mit 96 Minuten vor dem Syrienkonflikt mit 66 Minuten."[2]

Wer wandert aktuell zu?

Diese u.a. mediale Fokussierung geflüchteter Menschen aus der ganzen Welt überdeckt die Tatsache, dass Flucht nicht das einzige Motiv für Migrationsbewegungen und ein Asylverfahren nicht der einzige Weg zu einer legalen Aufenthaltsmöglichkeit in Deutschland ist. Im Falle von EU-Bürgerinnen und Bürger werden die Gründe für den Zuzug nach Deutschland nicht erfasst. Bei Drittstaatenangehörigen[3] ist seit 2014 der häufigste Grund für die Einwanderung die Bitte um Asyl, gefolgt von familiären Gründen und dem Eintritt in ein Ausbildungs[4]- oder Arbeitsverhältnis (SVR 2015a, S. 4). Bei der momentanen Migrationsdebatte geht sehr leicht unter, dass Einwanderung nach Deutschland nicht nur aus Ländern wie Syrien, Afghanistan oder Somalia stattfindet. Im aktuell erschienenen

---

2 http://www.ifem.de/infomonitor/jahr-2015, [23.01.2016]) Speziell für Berufsschulen in Bayern siehe bzgl. Medienberichterstattung z.B. Backes (2015), Cwiertnia (2015) und Weinhart (2015).
3 Unter Drittstaatsangehörigen werden in verschiedenen Kontexten unterschiedliche Personengruppen verstanden. Meist sind Menschen gemeint, die nicht aus der EU, des Europäischen Wirtschaftsraums oder der Schweiz stammen.
4 An dieser Stelle kann darauf hingewiesen werden, dass Menschen aus klassischen Fluchtländern/-regionen nicht in allen Fällen einen Aufenthalt über ein Asylverfahren erwirken. Laut Mappes-Niediek & Reljić (2015, S. 79) wurden 2015 z.B. 54 Studentenvisa an Studentinnen und Studenten aus dem Kosovo vergeben. Siehe auch das Stipendienprogramm für Menschen aus Tschetschenien der Organisation „Studieren Ohne Grenzen Deutschland e.V". unter www.studieren-ohne-grenzen.org [07.12.2015]. Möglichkeiten wie diese sind für Menschen aus Drittstaaten allerdings äußerst eingeschränkt.

Migrationsbericht für das Jahr 2014 hält das BAMF fest, dass trotz der steigenden Asylantragszahlen der Anteil an EU-Binnenmigration an der Gesamtzuwanderung nach Deutschland noch immer 55,3 Prozent ausmacht (BAMF 2016a, S. 37). Über die Hälfte der Migrantinnen und Migranten hat im Jahr 2014 demnach den Weg höchstwahrscheinlich[5] über die EU-Freizügigkeit nach Deutschland gefunden und nicht über ein Asylverfahren. Berücksichtigt man weitere Zugangsmöglichkeiten nach Deutschland wie den Ehegatten- und Familiennachzug, wird zusätzlich deutlich, dass Asylbewerberinnen und -bewerber nur einen Teil der nach Deutschland neu Zugewanderten ausmachen: „Wenn für einen Erwachsenen ein Schutzstatus festgestellt wurde, kommen minderjährige und unverheiratete Kinder in der Regel mit einem Visum zum Familiennachzug nach §29 Abs. 2 AufenthG nach, sie werden aber im Ausländerzentralregister nicht als Flüchtlingskinder erfasst" (SVR 2015b, S. 2). Diesbezüglich führt der Migrationsbericht 2014 (BAMF 2016a, S. 261) beispielsweise 3.025 Menschen aus Syrien auf, die im Jahr 2014 im Rahmen des Familiennachzugs nach Deutschland eingereist sind.

Im Titel dieser Publikation ist von neu zugewanderten Jugendlichen und jungen Erwachsenen an Bayerns Berufsschulen die Rede. Darunter sind Schülerinnen und Schüler zu verstehen, bei denen – unabhängig vom Migrationsmotiv – die „Deutschkenntnisse nicht als ausreichend angesehen werden, um erfolgreich am Unterricht in einer Regelklasse an einer deutschen Schule teilzunehmen" (Massumi & von Dewitz 2015, S. 13). Massumi & von Dewitz betonen, dass diese Definition dynamisch ist: „Erreicht eine Schülerin oder ein Schüler aus diesem Kreis einen Sprachstand, der eine erfolgreiche Teilnahme am Regelunterricht ermöglicht, wird sie oder er nach der vorliegenden Definition nicht mehr der gesondert erfassten Gruppe zugerechnet" (ebd., S. 14).

Wer ist ein Flüchtling?

Betrachtet man Begriffe wie Flucht oder Asyl etwas genauer, so ist vorab festzuhalten: „Weder Medien noch Politiker oder Volkes Stimme unterscheiden juristisch und politisch präzise zwischen Asylbewerbern, verschiedenen Gruppen von Flüchtlingen oder Migranten. Wer Asyl beantragt, wendet sich an einen wie auch immer organisierten Verwaltungsapparat, bittet um eine Aufenthaltserlaubnis und muss sich registrieren lassen. Asylsuchende sind nur eine kleine Gruppe unter den Flüchtlingen der Welt, global betrachtet eine Minderheit. Die

---

5   Diese Abschwächung wird getroffen, weil das BAMF für das Jahr 2014 trotz EU-Freizügigkeit einzelne Asylanträge von EU-Bürgerinnen und Bürgern konstatiert: 18 aus Polen, 7 aus Rumänien und 25 aus Bulgarien (BAMF 2016a, S. 254).

allermeisten Flüchtlinge beantragen kein Asyl. Sie warten im eigenen Land oder in Nachbarländern auf eine mögliche Rückkehr in ihre Heimatregion oder ihr Heimatland" (Gillen 2015, S. 50). Der UNHCR berichtet in seinen *global trends* von knapp 60 Millionen Menschen, die im Jahr 2014 weltweit auf der Flucht waren, und damit so vielen wie nie zuvor seit den offiziellen Aufzeichnungen (UNHCR 2015a, S. 5).[6] Zudem fand der größte Anstieg an Flüchtlingszahlen innerhalb eines Jahres statt; 2014 waren 8,2 Millionen mehr Menschen auf der Flucht als noch im Jahr zuvor (ebd., S. 2). 1,7 Millionen Menschen, und damit ein kleiner Teil der Geflüchteten, stellten außerhalb der Heimat einen Antrag auf Asyl. Deutschland stand im Jahr 2014 weltweit an zweiter Stelle bzgl. registrierter Asylanträge. Mehr Anträge gingen im selben Zeitraum nur in Russland ein (ebd., S. 3).

Wenn Asylsuchende nur eine kleine Gruppe unter den weltweit Flüchtenden sind, stellt sich die Frage, was unter einem Flüchtling bzw. Geflüchteten zu verstehen ist. Definitionen sind z.b. abhängig von wissenschaftlichen Disziplinen (z.B. soziologische vs. juristische Betrachtungen), Arbeitskontexten (z.B. mediale Berichterstattung mit dem Ziel griffiger Aussagen vs. Ausländerbehörden mit dem Ziel präziser Gesetzesauslegung) oder der eingenommenen Perspektive (z.B. des Geflüchteten selbst vs. des Staates, in dem Schutz gesucht wird). Flüchtling ist demnach keine objektiv zu beobachtende Eigenschaft, sondern diese „wird diskursiv hergestellt, sowohl im juristischen und politischen als auch im öffentlich-medialen und Alltagsdiskurs" (Niedrig 2015, S. 31). In ältere Definitionen wurde für Fluchtmigration oftmals der *erzwungene* Aufbruch aus der Heimat als distinktives Merkmal gegenüber anderen Formen von Migration gesehen. Inzwischen geht man vielmehr davon aus, dass Migration grundsätzlich etwas Unfreiwilliges innewohnt (Treibel 2011, S. 166), z.B. auch im Falle von EU-Bürgern, die im Rahmen der Freizügigkeit nach Deutschland kommen. Selbst bei einer Familienzusammenführung kann die Freiwilligkeit von Migration in Frage gestellt werden. Aus diesem Grund soll an dieser Stelle unter einem Geflüchteten bzw. Flüchtling alternativ Folgendes verstanden werden: „Flüchtlinge sind per Definition und vom Ursachenverständnis der Vertreibung her immer auch MigrantInnen. Doch sie unterscheiden sich dadurch, dass sie aufgrund ihres Verlusts von und auf der Suche nach grundlegenden Rechten und Schutz migrieren. Zwar sind Fluchtgründe immer vielfältig, wobei sich ökonomische, politische und persönliche

---

6 Zum Zeitpunkt der Fertigstellung des Textes lagen noch keine soliden Zahlen für 2015 vor. Der UNHCR schätzt jedoch, dass die 60 Millionen-Marke im Jahr 2015 deutlich überschritten wurde und verweist für genauere Angaben auf seinen im Juni 2016 erscheinenden Bericht *2015 Global Trends* (UNHCR 2015b).

Motive verschränken. Doch gerade die Wiederherstellung von Grundrechten ist zentral für die Unterscheidung von Flüchtlingen von MigrantInnen, auch wenn es sich teils nur um humanitäre Hilfe oder temporären Schutz handelt" (Kleist 2015, S. 153).

Menschen, die mit dem Ziel der „Wiederherstellung von Grundrechten" (ebd.) nach Deutschland migrieren, stellen in vielen Fällen einen Asylantrag[7], wenn ihnen keine alternativen Wege zu einem Aufenthaltstitel offen stehen. Hier kommt in der Folge eine andere Definition eines Flüchtlings zum Tragen. Die deutsche Gesetzgebung versteht unter *Flüchtling* genau genommen nur Menschen, deren Asylgesuch nach AsylG §3 Abs. 1 bzw. AufenthG §25 Abs. 2 unter Verweis auf das *Abkommen über die Rechtsstellung der Flüchtlinge* (Genfer Flüchtlingskonvention – GFK) anerkannt wurde.[8] Laut GFK ist ein Flüchtling eine Person, die „aus der begründeten Furcht vor Verfolgung wegen ihrer Rasse, Religion, Nationalität, Zugehörigkeit zu einer bestimmten sozialen Gruppe oder wegen ihrer politischen Überzeugung sich außerhalb des Landes befindet, dessen Staatsangehörigkeit sie besitzt, und den Schutz dieses Landes nicht in Anspruch nehmen kann oder wegen dieser Befürchtungen nicht in Anspruch nehmen will" (UNHCR 1951/1967, GFK Art. 1 A. 2). Greift die GFK nicht, weil die Bedrohung eines Menschen beispielsweise nicht vom Staat, sondern anderen Akteuren ausgeht, oder handelt es sich um keine auf ein einzelnes Individuum abzielende Verfolgung aufgrund einzelner persönlicher Merkmale wie Ethnie oder Religion, sondern um eine allgemeine Bedrohungslage, z.B. in kriegerischen Auseinandersetzungen, so kommen andere Schutzstatus in Frage. D.h. Asylanerkennungen sind in Deutschland darüber hinaus noch über weitere Wege möglich. *Asylberechtigte* erhalten eine Aufenthaltserlaubnis nach GG Artikel 16a Abs. 1 bzw. AufenthG §25 Abs. 1. *Subsidiärer Schutz* wird nach AsylG §4 bzw. AufenthG §25 Abs. 2 gewährt. Auch Personen mit *Verbot der Abschiebung* dürfen nach AufenthG §60 Abs. 5 und 7 bzw. AufenthG §25 Abs. 3 zunächst in der Bundesrepublik bleiben, auch sie haben einen Aufenthaltstitel. Neben diesen vier verschiedenen Formen der Bleibeberechtigung befinden sich auch Personen mit abgelehntem Asylantrag in Deutschland. Ihre Ausreise ist entweder vollziehbar oder nicht vollziehbar. Bei Letzteren spricht man von Personen mit Duldung. Es handelt sich um Personen mit vorübergehender Aussetzung der Abschiebung aufgrund völkerrechtlicher

---

7   Ein Asylantrag kann nicht in Drittstaaten für ein Schutzgesuch in Europa gestellt werden. Zur Durchführung eines Asylverfahrens erhalten neu ankommende Geflüchtete in Deutschland eine Aufenthaltsgestattung und bewerben sich um Asyl.
8   Zur Illustration: 2014 beschied das BAMF (2016a, S. 101) bei 24,1 Prozent der bearbeiteten Asylanträge die sogenannte Flüchtlingseigenschaft.

oder humanitärer Gründe nach AufenthG §60a. Juristisch betrachtet handelt es sich demnach nur bei einem kleinen Teil der Menschen mit in Deutschland laufendem oder abgeschlossenem Asylverfahren um Flüchtlinge. Doch selbst die Politik fasst den Begriff außerhalb der Gesetzgebung, beispielsweise in Interviews und Regierungserklärungen, deutlich weiter. Hier scheint vielmehr eine Definition von Flüchtling wie oben beschrieben (Kleist 2015) zur Anwendung zu kommen, wobei heftig diskutiert wird, bei welchen Herkunftsländern, Personengruppen etc. von einer Einschränkung grundlegender Rechte ausgegangen werden kann und bei welchen nicht und was genau unter diesen grundlegenden Rechten zu verstehen ist.

Neuzuwanderung und Schulbildung

Global gesehen ist rund die Hälfte aller Geflüchteten unter 18 Jahre alt (UNHCR 2015a, S. 3). Speziell für die Situation der Bundesrepublik schreibt der Sachverständigenrat deutscher Stiftungen für Integration und Migration (SVR): „Insgesamt betrachtet ist über die Hälfte der Asylbewerber (53,8 %) unter 25 Jahre alt, während diese Altersgruppe in der deutschen Bevölkerung nur ein knappes Viertel (24,1 %) ausmacht" (SVR 2015b, S. 2). Für das deutsche Bildungssystem bedeutet das in allen Bildungsetappen ab der Elementarstufe einen wachsenden Anteil an neu zugewanderten Kindern und Jugendlichen, die mit passenden Bildungsangeboten versorgt werden müssen. „Bundesländer, Kommunen und Schulen stehen derzeit unter erheblichem Handlungsdruck, den Kita- und Schulbesuch von Flüchtlingskindern im Sinne chancengleicher Teilhabe zu organisieren und damit das völker- und grundrechtlich verankerte Recht auf Bildung zu gewährleisten" (SVR 2015b, S. 4). Besonders viele neue Schülerinnen und Schüler finden sich dabei im Alter der Sekundarstufe II und damit in erster Linie an den Berufsschulen (Massumi & von Dewitz 2015, S. 22). 2015 waren 29,4 Prozent aller Asylantragstellerinnen und -antragsteller in der Bundesrepublik zwischen 16 und 25 Jahren alt (BAMF 2015, S. 7). Für dieses knappe Drittel aller nach Deutschland fliehenden Menschen stellt sich die Frage, inwiefern sie ein Recht bzw. die Verpflichtung zum Besuch einer Schule haben.

3. Ein Blick auf die Situation an den bayerischen Berufsschulen

Die bayerische Gesetzgebung regelt explizit, dass die Schulpflicht für jeden gilt, der in Bayern seinen gewöhnlichen Aufenthalt hat. Darunter können demnach auch neu zugewanderte Personen fallen. Artikel 35 des bayerischen Gesetzes über das Erziehungs- und Unterrichtswesen lautet:

> (1) Wer die altersmäßigen Voraussetzungen erfüllt und in Bayern seinen gewöhnlichen Aufenthalt hat oder in einem Berufsausbildungsverhältnis oder einem Beschäftigungsverhältnis steht, unterliegt der Schulpflicht (Schulpflichtiger). Schulpflichtig im Sinn des Satzes 1 ist auch, wer
> 1. eine Aufenthaltsgestattung nach dem Asylverfahrensgesetz besitzt,
> 2. eine Aufenthaltserlaubnis nach §23 Abs. 1 oder §24 wegen des Krieges in seinem Heimatland oder nach §25 Abs. 4 Satz 1 oder Abs. 5 des Aufenthaltsgesetzes besitzt,
> 3. eine Duldung nach §60a des Aufenthaltsgesetzes besitzt,
> 4. vollziehbar ausreisepflichtig ist, auch wenn eine Abschiebungsandrohung noch nicht oder nicht mehr vollziehbar ist,
>
> unabhängig davon, ob er selbst diese Voraussetzungen erfüllt oder nur einer seiner Erziehungsberechtigten; in den Fällen der Nummern 1 und 2 beginnt die Schulpflicht drei Monate nach dem Zuzug aus dem Ausland. Völkerrechtliche Abkommen und zwischenstaatliche Vereinbarungen bleiben unberührt.
>
> (2) Die Schulpflicht dauert zwölf Jahre, soweit dieses Gesetz nichts anderes bestimmt.
>
> (3) Die Schulpflicht gliedert sich in die Vollzeitschulpflicht und die Berufsschulpflicht.

Schulpflichtig sind somit ab drei Monaten nach der Ankunft explizit auch diejenigen Personen, die ein persönliches Asylverfahren in die Wege geleitet haben, unabhängig von dessen Bearbeitungsstadium bzw. des Ausgangs des Asylverfahrens. D.h. die betreffenden Personen befinden sich entweder noch in einem laufenden Verfahren (Aufenthaltsgestattung) bzw. das Asylverfahren ist positiv (Aufenthaltserlaubnis) oder negativ (Duldung oder vollziehbar ausreisepflichtig) beschieden.

Diese gesetzliche Regelung bedeutet für neu Zugewanderte im Alter zwischen 16 und 21 (in Ausnahmefällen auch 25) Jahren (ISB 2015, S. 6), dass sie in Bayern einen Platz an einer Berufsschule erhalten können, um dort ihre Schulpflicht zu erfüllen. Alternative Schulprogramme an anderen weiterführenden Schulen wie Gymnasien oder Realschulen existieren derzeit weitaus seltener als der berufsschulische Ansatz. Junge Migrantinnen und Migranten besuchen auf Basis des BayEUG an Bayerns Berufsschulen ein Berufsvorbereitungs- bzw. Berufsintegrationsjahr und vorgeschaltet eine sogenannte einjährige Vorklasse. „Das primäre Ziel der Beschulungsangebote für berufsschulpflichtige Asylbewerber und Flüchtlinge ist die Ausbildungsreife[9]", heißt es in der Handreichung des ISB (2015, S. 17). Diese soll innerhalb von zwei Jahren in speziellen Klassen erlangt werden, was ihnen formal mit der Verleihung des Mittelschulabschlusses bescheinigt wird. Nach Massumi & von Dewitz handelt es ich dabei um einen vom Regelunterricht separierenden Ansatz, dem *Parallelen Modell Schulabschluss*. „Neu zugewanderte Kinder und Jugendliche gehen in eine parallel geführte Klasse. Sie bleiben bis zum Ende der Schulzeit im Klassenverband und bereiten sich gemeinsam auf den Schulabschluss vor" (Massumi & von Dewitz 2015, S. 6).

Berufsintegrations- bzw. Berufsvorbereitungsklassen für neu Zugewanderte existieren in Bayern seit dem Schuljahr 2010/11. Was damals mit sechs Pilotklassen in wenigen bayerischen Großstädten begann, ist inzwischen in der Fläche als reguläres Beschulungsmodell etabliert. An einem weiteren Ausbau der Klassenkapazitäten wird von Ministeriums- und Schulseite gearbeitet.

---

9   Dobischat & Schurgatz (2015) halten das Konstrukt der „Ausbildungsreife" für wenig greifbar und hilfreich, sondern verorten den Begriff in erster Linie in einer politischen Rhetorik: „Es kann also festgehalten werden, dass das Konstrukt der ‚Ausbildungsreife' einer wissenschaftlichen Grundlage entbehrt und in der Praxis wenig Anklang gefunden hat" (ebd., S. 52). Diese Diskussion kann an dieser Stelle nicht näher vertieft werden. Im Ausblick am Ende der Publikation wird jedoch noch einmal darauf eingegangen.

Abbildung 1: Neu zugewanderte Schülerinnen und Schüler an Bayerns Berufsschulen seit dem Schuljahr 2010/11 (Angaben des Bayerischen Staatsministeriums für Bildung und Kultus, Wissenschaft und Kunst, Stand: Januar 2016)

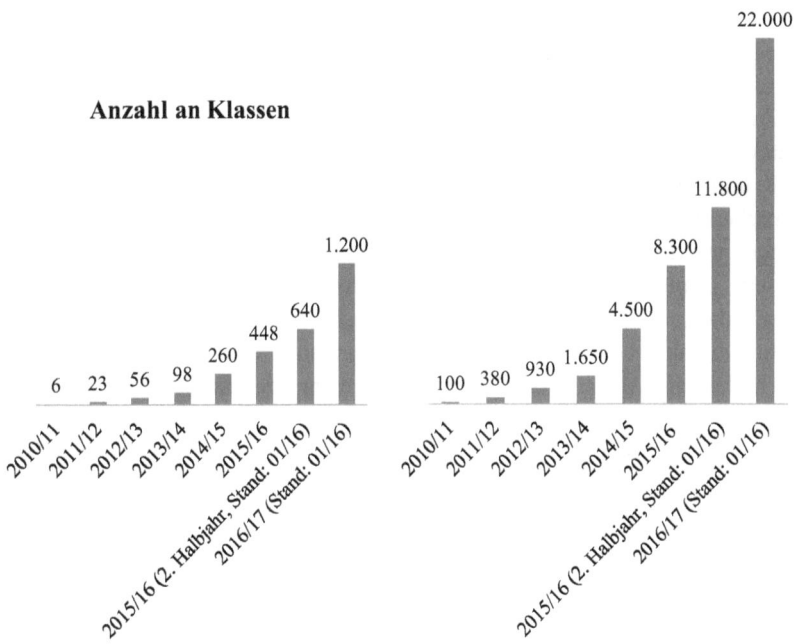

Zum Zeitpunkt der Fertigstellung dieses Textes besuchen rund 8.300 Schülerinnen und Schüler in knapp 450 Klassen an 95 Standorten in 124 bayerischen Berufsschulen eine der genannten Klassen. Zum kommenden Schuljahr sollen die Kapazitäten auf 1.200 Klassen ausgeweitet werden, in denen rund 22.000 neu zugewanderte Schülerinnen und Schüler alleine an den Berufsschulen in Bayern unterrichtet werden.

Der Unterricht zur Berufsvorbereitung und Berufsintegration findet in der Regel zu Teilen an der Berufsschule, zu Teilen bei einem externen Kooperationspartner, einem Träger der Jugend- oder Erwachsenenbildung, statt. Es handelt sich hierbei beispielsweise um Volkshochschulen oder Bildungsträger wie Kolping. In dieser kooperativen Beschulungsform übernimmt der externe Partner in der Regel Unterricht in Deutsch als Zweitsprache, die berufliche Orientierung

Sprachbiografien

Die Sprachbiografieforschung kann als eine spezialisierte Form der Biografieforschung angesehen werden. Franceschini (2002, S. 20) erwähnt zwar grundsätzlich die Möglichkeit, Sprachbiografien mit allen denkbaren Methoden zu erheben, darunter auch quantitative Fragebogenverfahren, sie scheinen aber letztlich sowohl in der Forschung als auch in der Praxis weniger verbreitet als qualitative Ansätze. In wissenschaftlichen Studien sind offene gesprächsbasierte Datenzugänge gebräuchlich (u.a. Brizić 2007, Graßmann 2011, Ohm 2008), in der Praxis etablieren sich Portfolioansätze zur Dokumentation von individuellen sprach- und bildungsbiografischen Verläufen. Als Beispiel können hier europäische Bemühungen in Form des Sprachenportfolios des Europarates[13] angeführt werden, die inzwischen auch von manchen Lehrwerksverlagen aufgegriffen werden. Zum Alphabetisierungslehrwerk *Von A bis Z* existiert beispielsweise ein gesonderter Band *Alpha-Portfolio A1* zur Dokumentation und Reflexion der eigenen Sprachbiografie und des Lernfortschritts.

Neu Zugewanderte als Zielgruppe

Für die Zielgruppe der neu Zugewanderten finden sich Mischungen aus quantitativen und qualitativen Befragungsinstrumenten, d.h. Fragebögen, Interviewleitfäden, Tests etc., insbesondere in Kompetenzfeststellungsverfahren. Ziel ist jeweils die Identifikation, Beurteilung und im Idealfall Anerkennung individueller Kompetenzen, die Migrantinnen und Migranten im Vorfeld des Anerkennungsverfahrens erworben haben (Kucher & Wacker 2011). Aus der praktischen Arbeit liegen dadurch diverse Instrumente vor, 22 von ihnen wurden beispielsweise vom IQ-Facharbeitskreis Kompetenzfeststellung dokumentiert und hinsichtlich zentraler Merkmale vergleichend dargestellt (IQ 2008). Sprach- und bildungsbiografische Auskünfte sind dabei ein Teilaspekt der jeweiligen Verfahren. Kucher & Wacker (2011) bilanzieren für bestehende Kompetenzfeststellungsverfahren, dass sie in der Regel nur regional etabliert sind und eine Standardisierung vermissen lassen. Sie hätten oftmals eine „persönliche Standortbestimmung [zum Ziel und weniger die] Kompetenzanforderungen von Arbeitsplätzen und -prozessen" (ebd., S. 167f.) im Blick. Für die Studie an bayerischen Berufsschulen hatten die Kompetenzfeststellungsverfahren nur insofern Orientierungscharakter als dass sie zeigen, dass a) sprach- und bildungsbiografische Verfahren auch auf nicht-muttersprachlichem

---

13 Informationen des Europarates unter http://www.coe.int/t/dg4/education/elp/Default_en.asp [12.11.2015]

Niveau einsetzbar sind, b) neben Interviews auch Fragebögen zum Einsatz kommen können und c) die Erhebung von Sprachkompetenzen und sprachlicher Vielfalt mittels Selbstauskünften Usus sind. Letzteres zeigt sich nicht nur in den aus der Praxis heraus entwickelten Kompetenzfeststellungsverfahren (IQ 2008), sondern auch in großflächig angelegten Forschungsarbeiten wie der Repräsentativbefragung „Ausgewählte Migrantengruppen in Deutschland 2006/2007" (RAM) des BAMF (BAMF 2010). Dort wurden die Sprachkompetenzen der Befragten beispielsweise mittels Selbsteinschätzungen in den Kategorien sprechen, verstehen, lesen, schreiben erhoben (ebd., Tabellenband).

Wissenschaftliche Bezugspunkte

Am hilfreichsten für die eigene Studie erwies sich zum Zeitpunkt der Fragebogenerstellung[14] zum einen eine Befragung der Lawaetz-Stiftung (Mirbach et al. 2014), in der Teilnehmende der Projekte des ESF-Bundesprogramms zur arbeitsmarktlichen Unterstützung für Bleibeberechtigte und Flüchtlinge zu folgenden Themenbereichen Auskunft gaben:

- Soziodemografische Merkmale
- Schulbildung
- Studium
- Berufsausbildung
- Berufserfahrungen
- Qualifizierungsmaßnahmen sowie Vermittlungen in Ausbildung und Arbeit

Im Ergebnisteil der vorliegenden Publikation wird in den Abschnitten zur schulischen Vorbildung und den Berufserfahrungen der befragten Schülerinnen und Schüler wiederholt auf die Ergebnisse von Mirbach et al. (2014) Bezug genommen.

Zum anderen liegen im Bereich sprachbiografischer Forschung wegweisende Fragebogenstudien vor, darunter MaTS (Mehrsprachigkeit an Thüringer Schulen) (Ahrenholz & Maak 2013; Ahrenholz et al. 2013; Maak et al. 2013), eine Erhebung, bei der mittels Interviews und eines schriftlichen Fragebogens die „Situation von SchülerInnen nicht-deutscher Herkunftssprache in Thüringen unter besonderer Berücksichtigung von Seiteneinsteigern" (Ahrenholz et al. 2013) untersucht wurde. Der inhaltliche Fokus der Erhebung lag auf der Ermittlung des

---

14 In letzter Zeit mehren sich Studien und Berichte rund um die berufliche Integration von Geflüchteten (z.B. IAB 2015a & b, BAMF 2016b). Bei der Fragebogenerstellung konnten diese nicht mehr berücksichtigt werden, sie fließen aber in die theoretischen Überlegungen und bei der Interpretation der Ergebnisse in diese Publikation ein.

Migrationshintergrundes und sprachbiografischer Angaben, d.h. konkret der Sprachenvielfalt, des Sprachgebrauchs und der Dauer des Deutschspracherwerbs der Schülerschaft (Ahrenholz & Maak 2013, S. 1). Ziel war die Erstellung einer „'Topographie der Mehrsprachigkeit' [innerhalb Erfurts und in Teilen auch für gesamt Thüringen], um z.b. Fördermaßnahmen für SchülerInnen zielgerichtet planen und implementieren zu können" (Ahrenholz et al. 2013, S. 43). Zielgruppe der Studie waren Schülerinnen und Schüler von Grund- und weiterführenden Schulen (Ahrenholz & Maak 2013, S. 14). Die Tatsache, dass auch Schülerinnen und Schüler der Sekundarstufe II befragt wurden, macht die Studie MaTS für die Erhebung an Bayerns Berufsschulen besonders interessant, sowohl was die Itementwicklung angeht, als auch was einen Vergleich der Ergebnisse betrifft.

MaTS selbst basiert auf (inter)nationalen Vorgängeruntersuchungen: In der 90er Jahren des letzten Jahrhunderts fanden in den Niederlanden sogenannte Home Language Surveys (HLS) (Broeder & Extra 1999, S. 24 & 35) statt, in denen Sprachprofile von Schülerinnen und Schüler der Primarstufe mittels Fragen zum persönlichen Sprachenrepertoire, den Sprachfertigkeiten, der Sprachenwahl, -dominanz und -präferenz erstellt wurden (ebd., Appendix 1; zum Begriff des „Sprachenprofils" Baur et al. 2001, S. 80). Die Arbeitsgruppe „Babylon" an der Universität Tilburg um Guus Extra initiierte später, im Europäischen Jahr der Sprachen 2001, eine Befragung unter Grundschulkindern[15] in sechs europäischen Großstädten, darunter Hamburg (Extra & Yağmur 2004). Die deutsche Adaption des niederländischen Fragebogens aus dem „Multilingual Cities Project" findet sich in Fürstenau et al. (2003). Die Items dienten seitdem oftmals als Orientierung für nachfolgende Untersuchungen. Auch die Erfahrungen aus der Fragebogenerhebungen „Sprachenerhebung Essener Grundschulen" (SPREEG) (Baur et al. 2001, 2004; Chlosta et al. 2003, 2005, 2006, 2007, 2010) wurden mehrfach aufgegriffen. Der Essener Forschergruppe ging es wie den niederländischen und Hamburger Kolleginnen und Kollegen darum, „ein genaues Bild der gesellschaftlichen und individuellen Mehrsprachigkeit" (Baur et al. 2001, S. 75) einer bestimmten Stadt bzw. Region, im Falle von SPREEG einer nordrhein-westfälischen Großstadt, zu zeichnen. Neben der erwähnten Studie aus Thüringen (MaTS) berufen sich insbesondere auch Decker & Schnitzer (2012) bei ihrer Erhebung für Freiburg sowie Brizić & Hufnagel (2011) für Wien auf die HLS, das „Multilingual Cities Project" bzw. SPREEG. Alle genannten Studien eint die Überzeugung,

---

15 Extra & Yağmur (2004, S. 115) berichten davon, dass im Rahmen des Multilingual Cities Project lediglich in Den Haag auch Schülerinnen und Schüler die Sekundarstufe, d.h. in diesem Fall Personen zwischen zwölf und 17 Jahren, einbezogen wurden.

dass die statistische Erfassung von Staatsangehörigkeit und/oder Migrationshintergrund keine aussagekräftigen Größen sind, um die sprachliche Vielfalt von Menschen und Gesellschaften zu beschreiben: „Um schulische Bildungsprozesse effektiv planen und ggf. Fördermaßnahmen bereitstellen zu können, bedarf es jedoch einer Erfassung dessen, was Schülerinnen und Schüler an sprachlichen Voraussetzungen und Kompetenzen mitbringen" (Decker & Schnitzer 2012, S. 97). Im Ergebnis zeigt sich, dass die Anzahl an mehrsprachigen Schülerinnen und Schülern um das etwa Zwei- bis Dreifache höher ist als es die Statistiken vermuten lassen, die statt des Merkmals Mehrsprachigkeit noch immer nur den Ausländer- oder Aussiedlerstatus der Schülerinnen und Schüler erfassen (Ahrenholz et al. 2013, S. 54; Chlosta & Ostermann 2010, S. 23). Gleichzeitig kann nach der Essener Untersuchung festgehalten werden, dass Mehrsprachigkeit und Migrationshintergrund nicht gezwungenermaßen in Zusammenhang stehen: 17 Prozent der Kinder mit Migrationshintergrund haben angegeben, ausschließlich Deutsch zu sprechen. Andere Kinder wiederum haben keinen Migrationshintergrund, bezeichnen sich selbst aber als mehrsprachig (Chlosta & Ostermann 2007, S. 60; Chlosta & Ostermann 2010, S. 22).

Zusammenfassend lässt sich sagen, dass die Studien aus den Niederlanden, Hamburg, Essen, Freiburg, Wien und Thüringen wichtige Orientierungspunkte für die Entwicklung des Befragungsinstruments für neu zugewanderte Jugendliche und junge Erwachsene an Bayerns Berufsschulen darstellten, Parallelen bzgl. Zielsetzung, Zielgruppe und Methodik gleichzeitig aber nicht vollständig gegeben sind: Nur MaTS berücksichtigt neben Schülerinnen und Schüler im Grundschulalter auch solche der Sekundarstufen sowie dezidiert neu Zugewanderte. Der inhaltliche Fokus lag in allen Fällen auf den Sprachprofilen der Schülerinnen und Schüler. Angaben zur Bildungsbiografie waren bei den skizzierten Studien nicht von Interesse. Zudem wurden ähnlich wie bei der hier vorgestellten bayerischen Studie allgemeine personenbezogene Daten abgefragt wie das Geschlecht oder die Staatsangehörigkeit. Als Instrument wurde in allen Fällen ein Fragebogen benutzt, allerdings als Papier-Bleistift-Test und nicht in einer Online-Version. Aus diesen Gründen dienten die Fragebögen aus den europäischen Städten sowie die dort gewonnenen methodischen Erfahrungen als wesentlicher Anhaltspunkt bei der Auswahl und Formulierung von eigenen Items, eine Anpassung bzw. Neuentwicklung war jedoch notwendig.

Grundlegende Hinweise bzgl. des Forschungsdesigns wurden insbesondere Mayer (2013) und Porst (2014) entnommen. Darunter beispielsweise der Hinweis, demografische Merkmale am Ende des Fragebogens zu erheben und zu Beginn Items zu setzen, die das Interesse wecken und von den Schülerinnen und Schüler als wenig heikel empfunden werden (Mayer 2013, S. 96).

6. Methodisches Vorgehen

a. Entwicklung des Befragungsinstruments

Die Entwicklung des Fragebogens stützt sich einerseits auf bestehende Instrumente (s. vorherigen Abschnitt) und ihre kritische Diskussion in der Forschungsliteratur, andererseits auf die Ergebnisse teilnehmender Beobachtungen im Feld sowie individuelle Rückmeldungen von Schulpraktikerinnen und -praktikern, Wissenschaftlerinnen und Wissenschaftlern. Die Projektleiterin hospitierte im Vorfeld der Erhebung in 42 Unterrichtseinheiten an drei Schulen in acht Klassen. In sieben Klassen handelte es sich dabei um einzelne Hospitationsstunden, in einer 11. Klasse um zwei regelmäßige Hospitationsstunden pro Woche im Verlauf eines halben Schuljahrs. Die wissenschaftlich hinterlegte Fragebogenentwicklung wurde dabei eng von einer Lehrkraft dieser Klasse begleitet. Dabei ging es insbesondere um praktische Überlegungen wie die zumutbare zeitliche Belastung von Schülerinnen, Schülern und Lehrkräften, die sprachliche Verständlichkeit der einzelnen Items, mögliche inhaltliche Missverständnisse und die technische Ausstattung der Schulen zur Durchführung der Online-Erhebung. Der Fragebogen wurde zudem von sieben Universitätskolleginnen und -kollegen der Fachbereiche Berufspädagogik und Deutsch als Fremd- bzw. Zweitsprache begutachtet und Rückmeldungen eingearbeitet. Im Vorfeld der Erhebung fanden Pretests statt, die im nächsten Abschnitt genauer dokumentiert sind.

Die Gestaltung des Fragebogens sollte das zu erwartende sprachliche Deutschniveau der Schülerinnen und Schüler berücksichtigen.[16] Zielsetzung in den Klassen ist die Erreichung des Niveaus A2 am Ende des ersten und B1 am Ende des zweiten Beschulungsjahres (s. unveröffentlichte Schulkonzepte im Rahmen des Projekts QuaS (2014)). Die Befragung fand nach eineinhalb Jahren Schulunterricht statt. Um Verständnisschwierigkeiten vorzubeugen, wurde der Fragebogen so weit wie möglich dem Sprachniveau A1 angepasst. Dazu fand ein Abgleich des Wortschatzes und der Grammatik mit den Anforderungen der Sprachprüfung *Start Deutsch 1 (A1)*[17] statt. Bei einzelnen Lexemen (z.B. *ändern, Niveau*) und grammatikalischen Formen (z.B. Konditionalsatz mit *wenn*) wurde auf eine

---

16 In einer Studie des BAMF (2016b, S. 2) wurde den Teilnehmenden freigestellt, ob sie die deutsche oder eine fremdsprachige Fassung des Fragebogens bearbeiten wollen. Interessanterweise entschieden sich 60 Prozent für die deutschsprachige Variante.
17 http://www.goethe.de/lrn/prf/pro/hdb/Pruefungsziele_Testbeschreibung_A1_SD1.pdf, siehe hier die Feinlernziele für die Niveaustufe A1 in den Inventaren ab S. 54.

Anpassung auf A1-Niveau zugunsten inhaltlicher Präzision verzichtet. Die Ergebnisse des Pretests ließen darauf schließen, dass auch diese Fragen zu bewältigen sind.

b. Pretest

Eine Erprobung des Fragebogens bzw. einzelner Items fand im Januar 2015 an zwei Berufsschulen in vier Klassen mit insgesamt 58 neu zugewanderten Schülerinnen und Schülern statt. Eine weitere geplante Pilotierung bei einer Jugendhilfeeinrichtung für unbegleitete Minderjährige musste kurzfristig aufgrund mangelnder Zustimmung durch die Einrichtungsleitung abgesagt werden.

In einer ersten Phase wurden an einer Berufsschule (A) einzelne Fragen während des Unterrichts getestet und Bearbeitungsschwierigkeiten unter Anwesenheit der Projektleitung mit den Schülerinnen und Schülern diskutiert; darunter beispielsweise die Frage, ob Begriffe wie *Muttersprache* oder *Staatsangehörigkeit* verständlich sind. Ganz grundlegend sollte zu diesem Zeitpunkt auch in Erfahrung gebracht werden, inwiefern die Schülerinnen und Schüler mit den Antwortformaten single choice, multiple choice, Freitext und einer Filterführung zurechtkommen. Es ergaben sich hierbei keine nennenswerten Schwierigkeiten.

Auf Basis dieser Praxiseindrücke wurde eine vorläufig finale Online-Version des Fragebogens erstellt. Bzgl. der technischen Umsetzung fiel die Entscheidung für die Nutzung von evasys, einer Evaluations- und Umfragesoftware, für welche über die Technische Universität München die Nutzungsrechte ebenso wie die technischen Voraussetzungen zur Verfügung stehen. Der Online-Fragebogen wurde in einer zweiten Phase in einer weiteren Berufsschule (B) mit einer Klasse im ersten Beschulungsjahr (10. Klasse), d.h. mit Schülerinnen und Schüler mit rund fünf Monaten Schulerfahrung an einer bayerischen Berufsschule pilotiert.[18] Anders als erwartet ergaben sich neben sprachlichen Schwierigkeiten auch Probleme hinsichtlich der Handhabung der elektronischen Eingabeoberfläche, auf die in der Methodendiskussion weiter unten näher eingegangen wird. Auf der Basis des Pretests war nun zu entscheiden, ob die Zielgruppe der Befragung oder das Befragungsinstrument verändert wird. Die Entscheidung fiel letztlich für die Eingrenzung der Zielgruppe auf Schülerinnen und Schüler des zweiten Beschulungsjahres

---

18 Parallel dazu hat Berufsschule A einzelne besonders kritische Fragen nochmals in einer Printversion getestet, da der PC-Raum zu diesem Zeitpunkt nicht zugänglich war.

und zusätzlich eine weitere Reduktion der sprachlichen Anforderung bei einzelnen Items.[19] Zentrale inhaltliche und sprachliche Entscheidungen auf Grundlage des Pretests werden im nächsten Abschnitt direkt bei der Beschreibung der Items dargestellt. Folgende Konsequenzen wurden aus dem Pilotierungserfahrungen gezogen: Es fand eine grafische Überarbeitung des Fragebogens statt, indem die einzelnen Items noch klarer voneinander abgesetzt, verstärkt mit **fett** und <u>Unterstreichungen</u> gearbeitet wurde und die Fragen auf noch mehr Bearbeitungsseiten (insgesamt zwölf) verteilt wurden. Wesentlich schien aber vor allem die Tatsache, dass in der Regel spätestens im zweiten Beschulungsjahr der empfohlene EDV-Unterricht in allen Klassen stattfindet (ISB 2015, S. 14), sodass dann von grundlegenden PC-Kenntnissen ausgegangen werden kann.

Die überarbeitete Version wurde an Berufsschule (B) in einer Klasse des zweiten Beschulungsjahres (11. Klasse) in der Folge nochmals pilotiert. Die Ergebnisse deuten nicht nur auf eine sprachliche Bewältigung des Fragebogens hin, sondern bestätigten auch die erhoffte technische Souveränität der Befragten nach knapp eineinhalb Jahren Unterrichtserfahrung.

---

19 Diese Entscheidung fiel auch vor dem Hintergrund persönlicher Eindrücke bei der Begleitung des Pretests. Der Fragebogen schien für manche Schülerinnen und Schüler nicht nur schwer bearbeitbar, sondern bei einzelnen war eine große Verunsicherung bzw. nach subjektivem Empfinden auch Ängstlichkeit zu spüren, welche allerdings sprachlich nicht artikuliert wurde bzw. werden konnte. Als Ursache für die emotionale Anspannung wird eine Kombination aus sprachlicher und technischer Überforderung vermutet, die im Kontext noch wenig vertiefter Erfahrungen im deutschen Schulsystem auftrat. Längere Systemerfahrungen hätten evtl. dazu geführt, dass in einer solchen Situation von der Möglichkeit der Teilnahmeverweigerung Gebrauch gemacht worden wäre im Vertrauen darauf, keine Sanktionierungen befürchten zu müssen. De facto hat keine der Schülerinnen und keiner der Schüler die Bearbeitung abgebrochen.

Tabelle 1: Dokumentation des Pretestverfahrens (BS = Berufsschule)

wo	wann	wie	Anwesenheit Projektleitung	Klasse	n	Inhalt
BS A	16.1.	print	ja	11.	13	Testung einzelner Fragen integriert in den Unterricht
BS A	28.1.	print	nein	10. 11.	10 (10. Klasse) 10 (11. Klasse)	Testung einzelner Fragen
BS B	28.1.	online & print	ja	10.	12 (online) 3 (print)	Testung Fragebogen komplett
BS B	29.1.	online	nein	11.	10	Testung Fragebogen komplett (überarbeitete Version des Vortags)

Bei der Pilotierung sollte zudem eine endgültige Entscheidung fallen, was die Durchführungsmodalitäten der Befragung angeht. Es war zu definieren, ob und ggf. inwiefern die Projektleitung bzw. geschulte Hilfskräfte bei der Bearbeitung des Fragebogens anwesend sein sollen (vgl. bspw. das Vorgehen in Chlosta & Ostermann 2006, S. 57ff.; Decker & Schnitzer 2012, S. 95; Ahrenholz & Maak 2013, S. 14). Es hätte sich einerseits die Möglichkeit geboten, die Bearbeitungshinweise persönlich vorzutragen und so für möglichst große Einheitlichkeit zu sorgen. Zudem hätte bei Unklarheiten jeglicher Art geholfen werden können. Nicht zuletzt wäre auf diesem Weg die Dokumentation von Beobachtungen während der Bearbeitung flächendeckend möglich gewesen. Die Erfahrungen bei der Pilotierungsbegleitung und intensive Diskussionen mit einer erfahrenen Lehrkraft führten jedoch letztlich zu der Entscheidung, die Schulen bei der Durchführung nicht persönlich vor Ort zu betreuen. Die zentrale Voraussetzung für eine (wohlwollende) Teilnahme der Schülerinnen und Schüler schien das Vertrauensverhältnis zwischen Lehrkraft und Schülerschaft und die daraus abgeleitete Gewissheit, dass die erhobenen Daten beispielsweise keinen Einfluss auf die oftmals noch nicht entschiedenen Asylverfahren haben. Ein einmaliger Besuch einer externen Person am Unterrichtsgeschehen im Moment der Fragebogendurchführung hätte diese Basis aller Voraussicht nach in vielen Fällen in Frage gestellt. So zeigte sich im ersten Pretest an Berufsschule B eine große Unsicherheit der Befragten bzgl. der Anwesenheit der Projektleitung trotz des Versuchs, den Grund ihrer Anwesenheit verständlich zu machen. Letztlich wurde die Fragebogenbearbeitung deshalb ohne externe Begleitung der

Schulen durchgeführt.[20] Eine Ausnahme bildete lediglich Berufsschule A: Die Projektleitung war sowohl den Schülerinnen und Schülern als auch den Lehrkräften über die vorangegangenen Hospitationen vertraut, weshalb die Fragebogenerhebung hier in den zwei betroffenen Klassen begleitet wurde. Die hierbei dokumentierten Beobachtungen bilden zusammen mit den Eindrücken aus den Pretests eine wesentliche Quelle für die spätere Methodendiskussion.

c. Auswahl der Items

Der Fragenbogen enthält 22 für alle Schülerinnen und Schüler relevante Fragen[21]. Hinzukommen 26 optionale Items mittels Filterführung, die sich bei der elektronischen Bearbeitung nur öffnen, wenn zuvor eine entsprechende Antwort ausgewählt wurde. So erscheint das offene Antwortfeld *Meine Muttersprache ist* z.B. nur, wenn zuvor bei *Was ist deine Muttersprache?* unter den vorgegebenen 18 Sprachen die eigene bzw. eine der eigenen Muttersprache(n) fehlte und dementsprechend als Antwort *eine andere Sprache* angekreuzt wurde. Die Schülerinnen und Schüler hatten demnach minimal 22 und maximal 48 Items zu bearbeiten. Diese verteilten sich auf fünf thematische Einheiten mit den Überschriften *Deine Sprachen, Dein Schulbesuch, Informationen über Dich, Dein Beruf* und *Zum Schluss…* (der gesamte Fragebogen ist in Anhang 1 einzusehen). Zur Orientierung folgt hier ein Überblick über die inhaltliche Ausrichtung und die chronologische Abfolge der Fragen. Es wird sich zeigen, dass für manche der hier genannten erfragten Inhalte mehrere Items zum Einsatz kamen:

---

20 Alle Lehrkräfte erhielten statt einer individuellen Begleitung ein Anschreiben mit Durchführungshinweisen.
21 Unter „Frage" werden hier der Einfachheit halber auch Items wie *Ich kann auch noch diese Sprache(n) lesen: verstanden*, die genau genommen keine Fragen, sondern unvollständige Aussagen darstellen, die von den Schülerinnen und Schülern zu ergänzen sind.

Tabelle 2: Überblick über die Themenkomplexe und die erfragten Inhalte des Fragebogens

Themenkomplex	erfragte Inhalte
Deine Sprachen	Muttersprache(n)
	Sprachrepertoire: Fertigkeit *sprechen*
	Sprachrepertoire: Fertigkeit *verstehen*
	Ort der Alphabetisierung: *lesen*
	Ort der Alphabetisierung: *schreiben*
	Sprachrepertoire: Fertigkeit *schreiben*
	Sprachrepertoire: Fertigkeit *lesen*
	Dauer des Spracherwerbs Deutsch
	Ort des Spracherwerbs Deutsch
	Deutschzertifikat
	Hilfestellungen beim Deutschlernen
	Weitere Sprachlernwünsche
Dein Schulbesuch	Dauer des Schulbesuchs in der Heimat
	Besuchte Schulart in der Heimat
	Sprache der Lehrkraft in der Heimat
	Institutionelle Sprachlernerfahrungen in der Schule der Heimat
Informationen über dich	Geschlecht
	Heimatland
	Dauer des Aufenthalts in Deutschland
	Familiäres Umfeld in Deutschland
Dein Beruf	Berufswunsch heute
	Berufswunsch früher
	Arbeitserfahrungen in der Heimat
Zum Schluss…	Möglichkeit der Kommentierung

Im Folgenden werden alle Items mit den dahinterstehenden Überlegungen kurz skizziert. Der Fragebogen beginnt mit **Was ist deine Muttersprache?** Es wurde explizit vermerkt, dass hier auch mehrere Antworten gegeben werden können. Alternativen wären hier die Frage nach der Erst- oder Familiensprache gewesen bzw. die Frage, welche Sprachen am besten beherrscht werden. Die Entscheidung für *Muttersprache* fiel letztlich, weil der Begriff geläufiger erschien als Erstsprache(n) (s. vergleichbare Überlegungen in Ahrenholz & Maak 2013, S. 12). Die Problematik der Begrifflichkeit wurde im Vorfeld mit Kolleginnen und Kollegen diskutiert (s. auch Hoodgarzadeh 2010), der Pretest zeigte aber, dass die Schülerinnen und Schüler mit *Muttersprache* umgehen können. Dabei kam es auch zu der Rückmeldung von Schülerseite, dass *Familiensprache* nicht verstanden wird, ganz abgesehen von der Uneindeutigkeit des Konzepts *Familie*. Die Frage nach der/den am besten beherrschten Sprache(n) wäre hingegen missverständlich gewesen: Was sollen Schülerinnen und Schüler antworten, deren Erstsprache beispielsweise keine Schriftform kennt, die emotionale Bindung aber größer ist als zur Sprache der Schule, in der sie über Schreib- und Lesekompetenz verfügen? Außerdem stand die Überlegung im Raum, dass *am besten* bei den Befragten vermutlich jeweils nur eine einzelne Sprache evoziert und das Item damit inhaltlich enger interpretiert werden würde als beabsichtigt. Hinzu kommt, dass der Pretest ergeben hat, dass Selbsteinschätzungsfragen oftmals nicht funktionieren. Die Befragten legen eine hohe Leistungsbereitschaft an den Tag und stehen im Rahmen des Asylverfahrens unter enormen Druck, den Erwartungen der entscheidenden Behörden und Personen zu entsprechen. Die soziale Erwünschtheit scheint in dieser Zielgruppe in der Folge dahingehend ausgeprägt, dass Fragen zur Selbsteinschätzung tendenziell zu wenig selbstkritisch beantwortet werden (mehr dazu in der Methodenreflexion). Der Wunsch, alles zu können und Erwartungen zu erfüllen, kann dazu führen, dass bei der Frage nach der am besten beherrschten Sprache oftmals viele der persönlich verfügbaren Sprachen angekreuzt werden, unabhängig vom tatsächlichen Kompetenzniveau.

Als Antwort auf die Frage standen 18 Sprachen zur Verfügung plus die Option *eine andere Sprache*. Die Sprachenauswahl wurde anhand der zehn Hauptherkunftsländer von Geflüchteten in Bayern in der zweiten Jahreshälfte 2014[22] getroffen.

---

22 http://www.sozialministerium.bayern.de/migration/asyl/index.php, [14.01.2015].

Tabelle 3: Hauptherkunftsländer von Geflüchteten in Bayern in der 2. Jahreshälfte 2014 und die in den Ländern am häufigsten gesprochenen Sprachen (nach Haarmann 2002, Prozentangaben nach eigener Berechnung)

Herkunftsland	Sprachen (gefettet = Amtssprachen)	Anteil an repräsentierter Landesbevölkerung durch aufgeführte Sprachen
Syrien	**Arabisch**, Kurdisch/Kurmanci	67%
Nigeria	**Englisch**, Hausa, Yoruba, Igbo	31%
Eritrea	**Arabisch, Tigrinya**	50%
Afghanistan	**Pashto, Dari**, Farsi	60%
Somalia	**Somali**	67%
Bosnien-Herzegowina	**Bosnisch, Serbisch**	38%
Irak	**Arabisch**, Kurdisch/Kurmanci	45%
Ukraine	**Ukrainisch, Russisch**	92%
Serbien	**Serbisch**	82%
Senegal	**Französisch**, Wolof, Serere-Sine	67%

Den zehn Hauptherkunftsländern wurden die am häufigsten gesprochenen Sprachen nach Haarmann (2002) zugeordnet. Dabei ergab sich die Problematik, dass sich in Ländern wie der Ukraine mit Ukrainisch und Russisch ein Großteil der Menschen im Land angesprochen fühlt (Haarmann 2002, S. 113f.), nämlich 92 Prozent. In einem Land wie Nigeria mit 427 Sprachen hingegen decken die Antwortmöglichkeiten Englisch, Hausa, Yoruba, Igbo nur 31 Prozent der Bevölkerung ab (ebd. S. 166ff.). Letztlich wurde die Sprachenauswahl wie folgt getroffen: Die Amtssprache eines jeden Landes steht als Antwortmöglichkeit zur Verfügung. Maximal drei weitere Sprachen des Landes sind aufgeführt, wenn sie mit Blick auf die Sprecherzahlen einen beträchtlichen Teil der Bevölkerung abdecken. Das Wichtigste scheint an dieser Stelle, dass nicht einfach die sogenannten Weltsprachen oder die Amtssprachen der Hauptherkunftsländer als Antwortmöglichkeiten zur Verfügung stehen. Die Nennung in Deutschland unbekannterer Sprachen wie Wolof oder Yoruba sollte als Signal gelesen werden, dass jegliche Sprachnennungen willkommen sind und ernst genommen werden. Im Pretest wurde so beispielsweise die Beobachtung gemacht, dass sich ein Schüler über die Möglichkeit, Kurdisch/Kurmanci ankreuzen zu können erfreut und positiv überrascht zeigte. Farsi und Dari hätten nach Haarmann (2002) zu einer Sprache zusammengefasst werden können: Es handelt sich um „gegenseitig verständliche Varietäten, deren Standard sich auf den gleichen historischen Vorläufer bezieht, nämlich die Sprache der klassischen persischen Literatur" (Chlosta et al. 2003). Die Entscheidung für zwei getrennte Antwortmöglichkeiten trafen letztlich die Schülerinnen und Schüler. Sie sprachen sich im Pretest dafür aus, Dari und Farsi als getrennte Sprachen anzusehen.

Es folgen die Fragen *Welche Sprachen kannst du sprechen?* und *Welche Sprachen kannst du verstehen?* Der Pretest hatte ergeben, dass die Differenzierung in die vier Fertigkeiten *sprechen, verstehen, lesen, schreiben* sinnvoll ist, d.h. die Schülerinnen und Schüler hier differenziert antworten. Die Sprachenauswahl war identisch zur Frage nach der/den Muttersprache(n), hinzugenommen wurde lediglich die Antwortmöglichkeit *Deutsch*. Die Fragen nach den Sprachen, in denen die Schülerinnen und Schüler schreiben und lesen können, wurden nicht direkt im Anschluss gestellt. Zum einen passte dazwischen der thematische Fragenabschnitt zur Alphabetisierung. Zum anderen sollte so der mögliche Automatismus vermieden werden, bei allen Fragen zu den Fertigkeiten dasselbe anzukreuzen.

Die Fragen *Hast du in deinem Heimatland lesen gelernt?* und *Hast du in deinem Heimatland schreiben gelernt?* sowie die dazugehörigen optionalen Fragen sollen eruieren, ob eine Alphabetisierung vor der Migration nach Deutschland stattgefunden hat oder erst in Deutschland. Mit der Staffelung der Fragen sollte möglichst deutlich gemacht werden, dass es um die ersten Schrift- und Leseerfahrungen geht. Bei einem unmittelbaren Einstieg mit einer Frage wie z.B. *Wo hast du lesen/schreiben gelernt?* wäre für Zweitschriftlernerinnen und -lerner nicht klar gewesen, ob das Interesse dem lateinischen Schriftsystem oder einem anderen der von ihm bzw. ihr beherrschten Schriftsysteme gilt.

Analog zu den Fertigkeiten *sprechen* und *verstehen* wird anschließend gefragt: *In welchen Sprachen kannst du schreiben?* und *In welchen Sprachen kannst du lesen?* Als Antwortmöglichkeiten stehen wieder die am häufigsten auftretenden Sprachen der zehn Hauptherkunftsländer und Deutsch zur Verfügung.

Es folgen vier Fragen (und ggf. Anschlussfragen) zum Deutschspracherwerb. Bei der Frage *Wie lange lernst du schon Deutsch?* stehen sechs Antwortmöglichkeiten zur Verfügung, beginnend mit *0 Monate – 6 Monate* bis hin zu *mehr als 3 Jahre. Wo hast du Deutsch gelernt?* soll in einem Freifeld beantwortet werden. Es folgt eine Frage zum formalen Nachweis von Sprachkompetenzen: Sobald die Schülerinnen und Schüler die Frage *Hast du ein Deutschzertifikat?* mit *ja* ankreuzen, erscheinen zwei weitere Fragen bzgl. Sprachniveau und Name des Zertifikats. Der Pretest hatte im Vorfeld ergeben, dass den Schülerinnen und Schüler die Sprachniveaus des Gemeinsamen Europäischen Referenzrahmens bekannt sind. Es folgt die Bitte, 13 mögliche Hilfestellungen beim Deutschlernen mit *sehr, ein bisschen* oder *nicht zu* bewerten. Die Fragebogenpilotierung konnte bestätigen, dass die Schülerinnen und Schüle mit dieser Dreiteilung gut zurechtkommen. Die Fragen lassen sich clustern nach Institutionen/Personen (Berufsschule, Freunde, Familie, Menschen, die ich treffe), elektronischen bzw. analogen Quellen (Internet, Computer, Handy, Fernseher, Bücher, Zeitungen, Radio) und Textsorten im weitesten Sinne (Nachrichten, Filme). Der Fragenblock schließt mit der Möglichkeit ab, in einem Freifeld weitere unterstützende Maßnahmen, Personen, Situationen etc. anzuführen: *Beim Deutschlernen hilft mir auch:* …

Den Abschluss des Abschnittes *Deine Sprachen* bildet die Frage *Willst du noch neue Sprachen lernen?* und im Falle der Antwort *ja* der Detailfragen *Welche Sprache(n) möchtest du noch lernen?* und *Warum möchtest du die Sprache(n) lernen?*. Die angebotenen Antwortmöglichkeiten wurden über den Pretest generiert: Dort wurde die Frage nach weiteren Sprachlernwünschen bewusst als offene Frage gestellt, um daraus die Antwortmöglichkeiten für den finalen Fragebogen abzuleiten. So kam es zu den Antwortmöglichkeiten *Arabisch, Englisch, Französisch* und *Spanisch*. Davon abweichende Sprachlernwünsche können in ein Freifeld eingetragen werden.

Der Fragenabschnitt *Dein Schulbesuch* zielt darauf ab, die Eckdaten der schulischen Bildungsbiografie im Heimatland unter besonderer Berücksichtigung des Themas *Sprache* zu erfragen. In der Online-Version des Fragebogens ist für die Schülerinnen und Schüler zunächst nur die Frage *Warst du in deinem Heimatland in der Schule?* zu sehen. Nur im Falle der Antwort *ja* öffnen sich alle weiteren schulbezogenen Fragen. Als offene Frage sind zu beantworten: *Wie lange warst du in deinem Heimatland in der Schule?* und *In welcher Schule warst du in deinem Heimatland?* Die Frage nach der Schulbesuchsdauer war bewusst als offene Frage gestellt, da die Befürchtung bestand, eine geschlossene Frage würde als Konsequenz sozialer Erwünschtheit zu hohe Werte liefern. Die Frage nach der Schule im Heimatland war im Pretest als geschlossene Frage formuliert, die Antwortmöglichkeiten waren gemäß dem deutschen Schulsystem formuliert, also Grundschule, Mittel-/Hauptschule, Realschule etc. Hier hat sich gezeigt, dass die Schülerinnen und Schüler zum einen mit dem bayerischen Schulsystem oft nicht vertraut sind und von daher keine Analogien zum Schulsystem ihrer Heimat ziehen können. Zum anderen waren Vergleiche teilweise de facto schwer möglich, wie zum Beispiel im Falle der Koranschule. Wo soll sich ein Schüler mit dreijährigem Besuch der Koranschule im Heimatland im bayerischen Schulsystem verorten? Aus der Empfehlung „Verwenden Sie *geschlossene* Fragen immer dann, wenn Sie das Universum der Antworten *sicher kennen* und es aus einer *bestimmten* und *bestimmbaren Menge* besteht" (Porst, 2014, S. 66, Hervorhebung im Original) lässt sich schlussfolgern, dass ein Freitextfeld hier die angebrachtere Lösung darstellt.[23] Den Schülerinnen und Schülern mit Schulerfahrung werden zudem die Fragen *In welcher Sprache hat dein Lehrer in deinem Heimatland gesprochen?* und *Hast du in der Schule in deinem Heimatland eine neue Sprache gelernt?* Letzteres ist von den Teilnehmenden ggf. näher auszuführen. Der Pretest hat gezeigt, dass es sinnvoll ist, in jeder Frage des Abschnitts *Dein Schulbesuch* die lokale Angabe *in deinem Heimatland* zu wiederholen, da sie gedanklich nicht unbedingt von einer Frage auf die nächste übertragen wird, auch wenn alle Fragen inhaltlich und optisch demselben Anschnitt zugeordnet sind.

Als nächstes werden Basisinformationen zu Geschlecht (*Bist du ein Mann oder eine Frau?*) und Heimatland (*Was ist dein Heimatland?*) erfragt. Diese Fragen standen, anders als vielleicht zu erwarten, bewusst nicht am Anfang des Fragebogens. Mayer (2013, S. 96) empfiehlt, zu Beginn Fragen zu stellen, die Interesse wecken, demografische Merkmale hingegen an den Schluss zu setzen. Die Entscheidung für den Begriff *Heimatland* fiel aus verschiedenen Gründen: Der Pretest ergab, dass die Alternative *Staatsbürgerschaft* von vielen Schülerinnen und Schüler nicht verstanden wird, was verwundert, da zunächst davon ausgegangen wurde, dass der Begriff aus dem behördlichen Kontext des Asylverfahrens bekannt ist (s. auch die Erfahrungen von Ahrenholz & Maak 2013, S. 11, 19, 23 insbesondere mit jüngeren Schülerinnen und Schülern; Chlosta & Ostermann 2006, S. 62). Bei *Heimatland* hingegen wurde im Vorfeld befürchtet, dass bei lang andauernder Migrations- oder Fluchterfahrung der Begriff *Heimat* nicht mehr klar gefüllt werden kann. Bei der Pilotierung tauchten hier wider Erwarten aber keinerlei Schwierigkeiten auf. Die Entscheidung für *Heimatland* anstelle von *Staatsbürgerschaft* bedeutet auch, dass die Schülerinnen und Schüler die Möglichkeit hatten, dem individuellen Zugehörigkeitsgefühl Ausdruck zu verleihen, das ggf. von der Staatsangehörigkeit abweichen kann. Es ist beispielsweise zu vermuten, dass Schülerinnen und Schüler aus Tschetschenien bei der Frage nach dem Heimatland Tschetschenien angeben, bei der Frage nach der Staatsbürgerschaft hingegen Russisch. Die sprachlich einfache Frage *Woher kommst du?* bot sich hingegen nicht an, da die Intention unklar bleibt. Sie kann im Falle von Geflüchteten sowohl auf die Fluchtroute als auch auf das Herkunftsland bezogen werden.[24]

---

23 S. bzgl. methodischer Probleme bei der Erfassung schulischer und beruflicher Qualifikationen von Asylberechtigten und anerkannten Flüchtlingen auch BAMF (2016b, S. 4).
24 In diesem Text werden die Begriffe Heimat und Herkunftsland synonym verwendet.

Der Fragebogen erfasst dann die Aufenthaltsdauer in Deutschland (*Wie lange bist du schon in Deutschland?*) und fragt, ob und ggf. mit welchen Familienmitgliedern die Schülerin bzw. der Schüler in Deutschland ist: Wird bei *Bist du allein in Deutschland? nein* geantwortet, werden in den folgenden Fragen Familienmitglieder als Antwortmöglichkeiten angeboten bzw. steht ein Freifeld für Eintragungen zur Verfügung.

Der letzte inhaltliche Fragenblock widmet sich dem Thema *Beruf*. Dazu wird zunächst offen gefragt *Was ist jetzt dein Berufswunsch?* Es folgt die Entscheidungsfrage *Hattest du früher einen anderen Berufswunsch?* und ggf. die Abfrage dieses Berufswunsches. Bei Schülerinnen und Schülern, die Arbeitserfahrung in der Heimat gesammelt haben und die Frage *Hast du in deinem Heimatland gearbeitet?* bejahen, wird auch diese abgefragt.

Am Schluss steht der Dank fürs Mitmachen zusammen mit der Möglichkeit, in einem Freifeld Kommentare, Kritik, Anregungen etc. festzuhalten. Der Schreibimpuls dazu lautet: *Möchtest du uns noch etwas sagen? Schreib es hier auf:* Ahrenholz & Maak (2013, S. 13) begründen die Möglichkeit der offenen Kommentierung am Ende des Fragebogens auch damit, „eine vorsichtige Einschätzung der Ernsthaftigkeit, mit der der Fragebogen ausgefüllt wurde" vornehmen zu können, d.h. zum Zweck der Validierung.

d. Datenerhebung

Alle Forschungsprojekte unter Beteiligung von Schulen sind in Bayern vom Staatsministerium für Bildung und Kultus, Wissenschaft und Kunst vorab zu genehmigen.[25] Dort findet sowohl eine fachliche als auch datenschutzrechtliche Prüfung der Unterlagen statt. Der Antrag zu vorliegendem Projekt wurde am 25.02.2015 mit der Auflage, datenschutzrelevante Anpassungen in den Anschreiben an die Schülerinnen und Schüler und Eltern vorzunehmen, bewilligt. So musste den Eltern die Möglichkeit der Einsichtnahme in den Fragebogen geboten werden und die Schülerinnen und Schüler sollten noch dezidierter auf die Freiwilligkeit der Teilnahme sowie die Möglichkeit eines Widerrufs hingewiesen werden. Zudem war ausdrücklich zu betonen, dass der Fragebogen personenbezogene Daten abfragt, die einer gesonderten Einwilligung bedürfen, worunter laut BayDSG Art. 15 Abs. 7 die Staatsangehörigkeit fällt.

---

25 Näheres dazu findet sich unter http://www.km.bayern.de/ministerium/statistiken-und-forschung/forschung-an-schulen.html [06.11.2015].

Nach entsprechenden Anpassungen der Befragungsunterlagen wurden diese am 4. und 5. März 2015 an alle 41 Berufsschulen in Bayern mit Klassen für neu zugewanderte Schülerinnen und Schüler im zweiten Beschulungsjahr online verschickt. Damit verbunden war die Bitte, den Fragebogen bis zum 27. März 2015 und damit dem letzten Schultag vor den Osterferien zu bearbeiten. Die Befragung war demnach als Vollerhebung angelegt, die Kontaktdaten zu den Schulen stellte das Ministerium zur Verfügung. Die Mail enthielt als Anhang ein einseitiges Anschreiben an die Lehrkräfte, aus dem der Zweck der Befragung, knappe Durchführungshinweise und der schulspezifische Link zum Fragebogen hervorgingen. Jede Schule bekam einen eigens für sie angepassten Onlinezugang zum Fragebogen, wodurch es in den kommenden Wochen möglich wurde nachzuverfolgen, welche Schulen bereits an der Befragung teilgenommen hatten und welche noch nicht. Erinnerungsmails bzw. -anrufe konnten somit gezielt getätigt werden und gingen nicht an den gesamten Verteiler. Einige Schulen hatten sich aus organisatorischen Gründen zunächst gegen eine Teilnahme entschieden (z.B. aufgrund der durchgehenden Belegung des PC-Raums oder der zeitintensiven Vorbereitung von Schülerinnen und Schülern auf die externe Teilnahme an den Prüfungen des Qualifizierenden Mittelschulabschlusses), im persönlichen Gespräch konnten jedoch in allen Fällen Lösungen gefunden werden, die eine Vollerhebung ermöglichten. Die letzten Datensätze gingen dadurch erst Ende Mai 2015 ein. Es erwies sich somit als großer Vorteil, dass die Befragung nicht zu knapp vor Ende des Schuljahres angesetzt worden war, da den Schulen bei Bedarf individuelle zeitliche Aufschübe gewährt werden konnten.

Die anhand der Befragung generierten Daten basieren – bezogen auf die adressierten Schulen – auf einer Teilnahmequote von 100 Prozent: Aus dieser Vollerhebung gingen insgesamt 541 Fragebögen online ein. Wie groß die Gesamtschülerschaft an den 41 Schulen zum Zeitpunkt der Befragung war, lässt sich nur mit Einschränkungen beantworten. Die Statistik des Ministeriums verweist auf rund 1.100 Schülerinnen und Schüler. Geht man von diesem Zahlenwert aus, dann hätten etwa 50 Prozent den Fragebogen ausgefüllt. De facto ist anzunehmen, dass die Gesamtschülerschaft deutlich kleiner und die Rücklaufquote der Erhebung somit größer war. Manche Schülerinnen und Schüler verlassen im laufenden Schuljahr die Klasse, andere werden längerfristig vom Unterricht freigestellt, um ihre Schulpflicht anderweitig zu erfüllen, beispielsweise in gezielten Vorbereitungsmaßnahmen für den Qualifizierenden Mittelschulabschluss. Dennoch ist auffällig, dass im Durchschnitt pro Standort nur 13,2 Fragebögen abgegeben wurden. Von fünf Standorten kamen dabei weniger als sechs Fragebögen zurück. Hier wurden im Nachgang die Gründe erfragt. Für vier Standorte stellte sich heraus, dass technische Schwierigkeiten die Ursache waren, die geringe Datenübertragung während der Erhebung an den Schulen aber nicht wahrgenommen wurde. Da die Fragebögen anonym gestaltet sind, konnte im Nachhinein nicht in Erfahrung gebracht werden, bei welchen Schülerinnen und Schülern der ausgefüllte Fragebogen nicht übermittelt wurde. Eine erneute Bearbeitung war daher nicht möglich. Es konnte rückblickend auch nicht nachvollzogen werden, worin die technischen Schwierigkeiten bestanden. Zu vermuten ist, dass insbesondere Probleme mit der Internetverbindung an den einzelnen Schulstandorten oder vergessene Betätigungen des „Absende"-Buttons am Ende der Online-Befragung ursächlich dafür waren. An einem Standort hat die Online-Datenübertragung wiederholt in keinem einzigen Fall geklappt. Hier wurden die Fragebögen in einer Printfassung bearbeitet und die Daten vom Projektteam im Nachgang in evasys übertragen. Am fünften Standort mit weniger als sechs Datensätzen sind tatsächlich nur einzelne neu zugewanderte Jugendliche und junge Erwachsene an der Schule zu verzeichnen. Sie werden integriert in den Regelunterricht, d.h. in Berufsvorbereitungs- oder -integrationsjahren unterrichtet. Bei Schulen mit mehr als sechs übermittelten Fragbögen hat eine stichprobenartige Nachfrage ergeben, dass an den Tagen der Befragungsdurchführung tatsächlich nur die jeweils durchschnittlich 13 Schülerinnen und Schüler anwesend waren. Gründe hierfür liegen zum einen in Abwesenheiten aufgrund von Praktika, die elementarer Bestandteil des zweiten Beschulungsjahres sind. Zum anderen scheinen Behördengänge, Krankheit oder persönliche Umstände immer wieder zu Abwesenheiten zu führen. Es ist kein einziger Fall bekannt, bei dem ein Schüler oder eine Schülerin die Teilnahme verweigert hätte, obwohl auch im Einleitungstext zum Fragebogen ausdrücklich auf diese Möglichkeit hingewiesen wurde (s. auch die Erfahrungen in Chlosta & Ostermann 2006, S. 65).

e. Datenaufbereitung und Datenanalyse

Von insgesamt 541 eingegangenen Fragebögen waren 538 verwertbar. Zwei wurden aussortiert aufgrund einer unvollständigen Bearbeitung. Ein weiterer Fragebogen wurde nicht ausgewertet, weil die Kommentare in den Freifeldern eindeutig auf eine nicht ernsthafte Bearbeitung haben schließen lassen. Mit 538 verwertbaren Datensätzen bei 541 teilnehmenden Probanden ist die Verlustquote sehr gering.

Die vorliegenden Datensätze wurden in SPSS übertragen. Für offene Fragen war ein Kategoriensystem zu entwickeln und eine entsprechende Kodierung der kurzen Schülertexte vorzunehmen. Das eingesetzte Befragungsinstrument umfasst 22 Kernitems und weitere 26 optionale Items, die je nach Beantwortung vorausgehender Fragen über eine Filterführung zur Anwendung kommen (zur

Begründung der Items und Frageformulierungen siehe das Kapitel „Auswahl der Items"). Von den 22 Kernitems sind vier offene Fragen: *Wo hast du Deutsch gelernt?, Beim Deutschlernen hilft mir auch:, Was ist jetzt dein Berufswunsch?* und *Möchtest du uns noch etwas sagen? Schreib es hier auf.* Bei den 26 optionalen Items sind 18 als offene Fragen angelegt. Sie erscheinen immer dann, wenn bei den zuvor angebotenen Antwortmöglichkeiten nicht die passende Wahl zur Verfügung steht und somit auf eine weitere Kategorie mit offener Antwortmöglichkeit ausgewichen werden muss. Insgesamt war somit erforderlich, für 22 offene Fragen induktiv ein materialgestütztes Kategoriensystem zu entwickeln. Manche Kategorien konnten bei Antworten zu verschiedenen Fragen angewendet werden. So gab es beispielsweise mehrere offene Fragen, in denen Sprachen anzugeben waren. Für alle in den Datensätzen auftretenden Sprachen wurde ein Kategoriensystem entwickelt, das dann einheitlich bei acht offenen Fragen eingesetzt wurde. Alle Kategorisierungen basieren soweit möglich auf theoretischen Herleitungen, was nachfolgende Beispiele zeigen.

Für die angegebenen Berufswünsche entstand ein Kategoriensystem, das an der *Rahmenvereinbarung über die Ausbildung und Prüfung für ein Lehramt der Sekundarstufe II (berufliche Fächer) oder für die beruflichen Schulen* der KMK (2013) ausgerichtet ist. Es gliedert die beruflichen Fachrichtungen wie folgt:

- Wirtschaft und Verwaltung (WV)
- Metalltechnik (M)
- Elektrotechnik (E)
- Bautechnik (B)
- Holztechnik (H)
- Textiltechnik und -gestaltung (T)
- Labortechnik/Prozesstechnik (L)
- Medientechnik (Me)
- Farbtechnik, Raumgestaltung und Oberflächentechnik (FRO)
- Gesundheit und Körperpflege (GK)
- Ernährung und Hauswirtschaft (EH)
- Agrarwirtschaft (A)
- Sozialpädagogik (Soz)
- Pflege (P)
- Fahrzeugtechnik (F)
- Informationstechnik (IT)

Die Abkürzungen in Klammern wurden im Rahmen des Projekts definiert und stellten den ersten Teil der Kategorien dar. Die von den Schülerinnen und Schülern genannten Berufe wurden diesen Oberkategorien zugeordnet. Als konkrete

Berufsbezeichnungen wurden die Bezeichnungen der Bundesagentur für Arbeit gewählt und für die Kategorienbildung durchnummeriert. Aus einem Berufswunsch „Reisekauffrau" wurde so die offizielle Bezeichnung „Tourismuskaufmann/-frau". Der Beruf war der 15. Beruf in der Rubrik Wirtschaft und Verwaltung und erhielt so die Kategorie WV15. Nicht alle angegebenen Berufswünsche lassen sich Ausbildungsberufen und damit der KMK- und BA-Klassifikation zuordnen. Es wurden deshalb darüber hinaus folgende Kategorien definiert:

- Akademikerberufe (Aka)
- Kreativberufe (K)[26]
- Polizei, Militär (PM)
- Weiterführende Schule (Sch)
- Sonstiges (Son)
- keine konkreten Berufswünsche (X1)
- unverständlich (X2)

Insgesamt ergaben sich so für die angegebenen Berufswünsche 107 Kodes in 23 Rubriken. Bei insgesamt 538 Datensätzen entspricht dieses Vorgehen nur bedingt einer vereinfachenden Quantifizierung, sondern stellt mehr eine umfangreiche Systematisierung dar. Der Ergebnisteil zeigt, wie gewinnbringend dieses Vorgehen war.

Andere Kategorisierungen ließen sich leichter realisieren: So lassen sich die Einträge auf die letzte Frage *Möchtest du uns noch etwas sagen? Schreib es hier auf* relativ einfach wie folgt kodieren:

Tabelle 4: Kategoriensystem zum Item Möchtest du uns noch etwas sagen? Schreib es hier auf

Kategorie	Kodes in SPSS	Ankerbeispiel
Danke	1	*Vielen Dank für alles*
Grüße	2	*Viele Grüße*
Lob	3	*ich mag diese Test und diese frage Interessent mich, denn ich mochte in Deutschland belieben und ich mochte eine beruf lernen*
Kritik	4	*Die fragen waren so komisch*
Wunsch	5	*wünsche mir und euch viel erfolg im leben zu haben.*
Rückfrage	6	*warum brauchen sie alle diese information für uns?*
Nein./Bitte.	7	*Nein./bitte sehr*
Sonstiges	8	*Ich hab alle Fragen beantwortet*

---

26 Damit sind Berufswünsche wie Musiker oder Künstler gemeint.

Die Kommentierungen der Schülerinnen und Schüler am Ende des Fragebogens konnten so mit einem der hier genannten acht Kategorien versehen werden. Die Ankerbeispiele in Tabelle 4 sollen die Kategorien illustrieren.

Für die insgesamt 22 offenen Fragen wurden zwölf Kategoriensysteme entwickelt. Wie oben erwähnt lassen sich manche Kategoriensysteme auf mehrere offenen Fragen anwenden. Die Kodierung in SPSS wurde von einer wissenschaftlichen Hilfskraft vorgenommen (Kodierung A). Parallel dazu hat auch die Projektleitung bei jeweils 100 Datensätze Kodierungen für alle 22 offenen Fragen vorgenommen (Kodierung B). Kodierung A und B wurden im Anschluss abgeglichen. Abweichungen wurden diskutiert, bei auftretenden Unstimmigkeiten lagen offensichtlich Ungenauigkeiten im Kategoriensystem vor, woraufhin es entsprechend überarbeitet wurde.

7. Ergebnisse der Studie

Die dargestellten Ergebnisse, die 538 ausgewertete Datensätze umfassen, gliedern sich in die Bereiche (a) allgemeine personenbezogene Daten, (b) Sprachbiografie, (c) Spracherwerb Deutsch, (d) Bildungsbiografie und (e) Schlusskommentare. Für jedes Einzelergebnis bilden die jeweils dazu abgegebenen Antworten die Basis n, auf die sich die Prozentangaben beziehen (n = 100%).

a. Allgemeine personenbezogene Daten
Aufenthaltsdauer in Deutschland

527 Befragte gaben Auskunft über die Dauer ihres Deutschlandaufenthalts. Von elf Schülerinnen und Schülern liegen keine Informationen vor. Die zur Verfügung stehenden Antworten entsprechen Angaben zwischen *0–6 Monaten* und *mehr als 3 Jahren*.

Abbildung 2: Aufenthaltsdauer in Deutschland (n = 527)

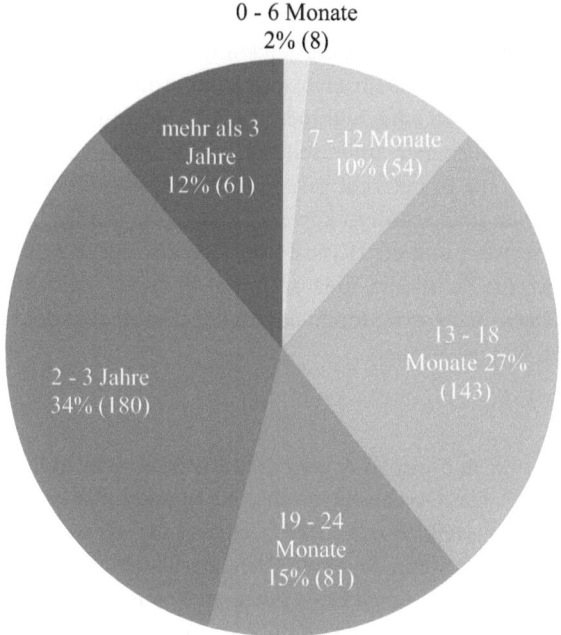

Die meisten Schülerinnen und Schüler geben an, zwischen 13 und 18 Monaten in Deutschland zu sein (27 Prozent) bzw. zwischen zwei und drei Jahren (34 Prozent). Nennungen in den drei Rubriken *0–6 Monaten, 13–18 Monaten* und *19–24 Monaten* Aufenthalt in Deutschland irritieren zunächst. Die Befragung fand in Klassen statt, die sich damals im zweiten Beschulungsjahr befanden. Aufgrund des Befragungszeitraumes im April und Mai 2015 und dem Berufsschulbeginn im September 2013 wären mindestens 21 Monate Aufenthalt in Deutschland erwartet worden. Eine entsprechende Aussage treffen aber nur 61 Prozent der Befragten. Eine Erklärung für eine kürzere Aufenthaltsdauer in Deutschland wäre, dass die Schülerinnen und Schüler im laufenden ersten oder auch erst im zweiten Schuljahr in die Klassen eingestiegen sind. An Standorten mit im Schuljahresverlauf freien bzw. wieder frei werdenden Schulplätzen wäre ein solches Vorgehen denkbar. Diese Hypothese wird gestützt von den Daten in Abbildung 15, wonach die Schülerinnen und Schüler nicht nur an der Berufsschule Deutsch gelernt haben, sondern auch in externen (Intensiv-)Sprachkursen und in seltenen Fällen auch bereits in der Heimat. Das erste Zitat am Anfang der Publikation bringt zudem exemplarisch zum Ausdruck, dass sich manche Schülerinnen und Schüler Basiskenntnisse im Deutschen eigenständig aneignen, bevor sie einen Schulplatz erhalten. Unter Umständen konnten Schülerinnen und Schüler folglich während des Schuljahres gut in den Unterricht integriert werden, weil sie aus anderen Kontexten bereits erste Deutschkenntnisse mitbringen (vgl. ISB 2015, S. 31). Wahrscheinlich ist jedoch auch, dass Schülerinnen und Schüler teilweise in den laufenden Betrieb aufgenommen werden, obwohl sie dem Lernstandsniveau der Mitschülerinnen und -schüler im Deutschen nicht entsprechen. Darüber hinaus sollte in Betracht gezogen werden, dass die Fragen nicht von allen Schülerinnen und Schülern korrekt verstanden wurden. Evtl. haben die vielen Zahlen verwirrt und die Herausforderung, das eigene Ankunftsdatum in Deutschland in eine Zeitspanne umzurechnen, an dieser Stelle überfordert. Die Validität der Daten hätte evtl. durch ein zusätzliches Antwortfeld mit *Ich weiß nicht* gesteigert werden können.

Geschlecht

Unter Geflüchteten sind gemäß deutscher Statistiken mehr Männer als Frauen (BAMF 2015, S. 7). Das Geschlechterverhältnis ist unter den 16- bis 25-Jährigen besonders extrem verteilt: Rund 20 Prozent sind aktuell weiblich, 80 Prozent männlich (ebd.). Auch wenn die bayerischen Berufsschulklassen für neu zugewanderte Jugendliche und junge Erwachsene nicht ausschließlich von Geflüchteten besucht werden, so gleichen sich die Zahlen dennoch nahezu:

Tabelle 5: Geschlechterverteilung (n = 508)

	Prozentualer Anteil	Absoluter Anteil
männlich	78%	396
weiblich	22%	112

Die Frage nach dem Geschlecht wurde von 508 Schülerinnen und Schülern beantwortet. 112 geben an, weiblich zu sein, 396 kreuzen männlich an. Bezieht man die prozentuale Verteilung auf eine fiktive Schulklasse von 20 Schülerinnen und Schüler, so bestünde die Gruppe aus vier Frauen und 16 Männern. Für Geflüchtete aus außereuropäischen Ländern berichtet der SVR von einem besonders hohen Männeranteil: „So sind jeweils knapp über 70 Prozent der Syrer und Afghanen, 73,1 Prozent der Somalier und 79,6 Prozent der Eritreer männlich. Bei den serbischen Antragstellern sind es dagegen nur 51,5 Prozent und bei den kosovarischen 58,1 Prozent (Eurostat-Daten, ohne Abb.)" (SVR 2015b, S. 2f.). Für Syrien, Somalia und Eritrea können diese Zahl durch die Ergebnisse der Befragung unter neu zugewanderten Schülerinnen und Schülern an Berufsschulen tendenziell bestätigt werden, allerdings gestützt auf sehr kleine Fallzahlen. 17 der insgesamt 22 Syrer sind Männer, genauso 28 der 33[27] Somalier und sechs der acht Eritreer. Der prozentuale Anteil beträgt demnach 75 bis 85 Prozent an der jeweils nationalen Gesamtgruppe. Im Vergleich zu den Eurostat-Daten, zitiert durch den SVR, ergibt sich für Afghanistan eine Abweichung. Statt der dort ermittelten 70 Prozent männlicher Afghanen, sind unter den neu zugewanderten Schülerinnen und Schülern an bayerischen Berufsschulen 90 Prozent der Afghanen männlich. Aus Serbien waren unter den Befragten nur zwei Personen, aus dem Kosovo vier, in allen Fällen Männer.

Betrachtet man die Anzahl an Frauen, die aus den einzelnen Ländern kommen und berücksichtigt dabei nur die Länder, bei denen die Fallzahlen zumindest im zweistelligen Bereich liegen, so fallen Äthiopien und Polen besonders auf. 61 Prozent der befragten Schülerinnen und Schüler aus Äthiopien sind Frauen, d.h. 17 Personen. Unter den männlichen Befragten hat nur einer als Heimatland Polen angegeben im Vergleich zu acht polnischen Schülerinnen.

---

27 Hier ist von 33 Schülerinnen und Schülern aus Somalia die Rede, später in Abbildung 3 von 37. Diese Differenz kommt zustande, da 4 Schülerinnen und Schüler aus Somalia ihr Geschlecht nicht angegeben haben. Analog hierzu sind auch weitere Zahlenunterschiede im Text zu erklären.

Ein Blick auf die kontinentale Verteilung zeigt, dass der Anteil an Frauen aus asiatischen Ländern besonders gering ist (15 Prozent) und aus europäischen Ländern besonders hoch (43 Prozent). Unter den Schülerinnen und Schüler aus afrikanischen Staaten sind 27 Prozent weiblich. Vom amerikanischen Kontinent kommen insgesamt nur vier Schülerinnen und Schüler, darunter zwei Männer und zwei Frauen.

Heimat

Von den 538 befragten Schülerinnen und Schüler geben 528 ihr Heimatland an. Insgesamt konnten dabei 44 verschiedene Heimatländer identifiziert werden. Alle Heimatländer mit mindestens zehn Nennungen sind in folgender Abbildung dargestellt. Eine Übersicht über alle Heimatländer findet sich in Anhang 2.

Abbildung 3: Heimatländer (n = 528) (Die Prozentangaben sind gerundet. Deshalb weichen sie in der Summe geringfügig von 100 ab.)

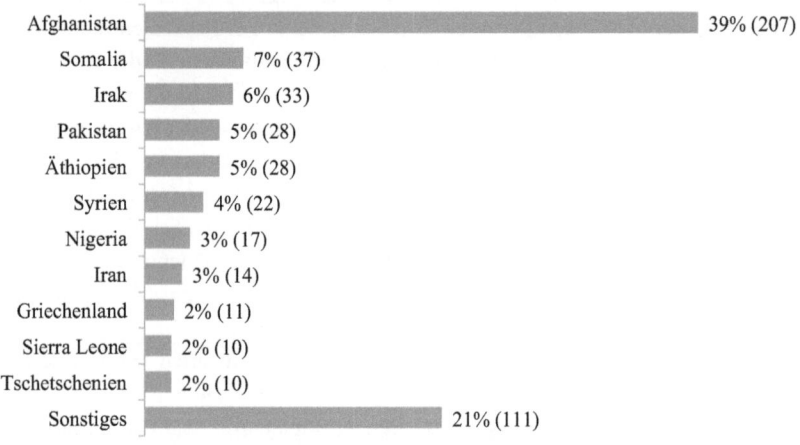

Besonders auffällig ist Afghanistan mit insgesamt 207 Nennungen. Somalia nimmt mit 37 Nennungen den zweiten Platz ein, der Unterschied ist hier demnach enorm. Ähnlich große quantitative Sprünge sind zwischen den anderen Heimatländern nicht auszumachen. Es folgen Irak mit 33 Nennungen, Pakistan und Äthiopien mit jeweils 28 Schülerinnen und Schüler, Syrien mit 22, Nigeria mit 17, Iran mit 14 und Griechenland mit elf Nennungen. Sierra Leone und Tscheschenien teilen sich mit jeweils zehn Schülerinnen und Schülern den zehnten Platz. Folgende Feststellung des UNHCR lässt sich demnach auch auf die bayerische Berufsschulsituation übertragen: „More than half (53%) of all refugees worldwide came from just three countries: the Syrian Arab Republic (3.88 million), Afghanistan (2.59 million), and Somalia (1.11 million)" (UNHCR 2015a, S. 3). Diese drei Länder, d.h. Syrien, Afghanistan und Somalia, machen unter den befragten Schülerinnen und Schülern zusammen 50 Prozent aus. Im Unterschied zu den UNHCR-Zahlen fällt bei den bayerischen Zahlen jedoch Afghanistan weitaus mehr ins Gewicht. Auffällig ist auch, dass elf Länder mit einer einzigen Nennung vertreten sind, darunter z.B. Ghana, die Türkei oder Kolumbien. Die Spannbreite bzgl. der 44 genannten Heimatländer ist somit groß. Sie reicht von jeweils einfacher bis 207-facher Nennung.

Fasst man die Heimatländer der Schülerinnen und Schüler in den Klassen für neu zugewanderte Jugendliche und junge Erwachsene zu Kontinenten zusammen, so ergibt sich folgendes Bild:

Tabelle 6: Heimatkontinente (n = 528)

	Prozentualer Anteil	Absoluter Anteil
Asien	62%	327
Afrika	24%	129
EU	9%	46
Europa (ohne EU)	4%	22
Amerika	1%	4

62 Prozent der Schülerinnen und Schüler kommen aus einem asiatischen Land. Es folgt Afrika mit 24 Prozent. Aus Amerika ist nur ein Prozent zu verzeichnen, es handelt sich um vier Schülerinnen und Schüler aus der Dominikanischen Republik, Kolumbien, Paraguay und Peru. 13 Prozent, d.h. 68 Befragte, haben ein europäisches Land als Heimat, wobei sich 46 Nennungen und damit insgesamt neun Prozent auf ein Land der EU beziehen. Die allgemeinen Migrationsstatistiken Deutschlands lassen sich somit für den Erhebungszeitraum nicht auf die Klassen der neu zugewanderten Jugendlichen und jungen Erwachsenen an den Berufsschulen in Bayern übertragen. Das BAMF hält für das Jahr 2014 fest, dass 55,3 Prozent der Zuwanderung nach Deutschland aus anderen EU-Ländern erfolgte (BAMF 2016a, S. 37).

Grundsätzlich steht es jedem Menschen zu, in Deutschland einen Asylantrag zu stellen. Aus Abbildung 3 kann anhand der Herkunftsländer nicht geschlussfolgert werden, bei welchen Schülerinnen und Schülern es sich um Geflüchtete handelt und bei welchen nicht. Bei den 46 Schülerinnen und Schülern aus der EU (neun Prozent) scheint es jedoch unwahrscheinlich, dass sie ein deutsches Asylverfahren durchlaufen bzw. durchlaufen haben, da sie im Rahmen der EU-Freizügigkeit zuziehen können (FreizügG/EU). Die Benennung der Klassen sollte daher überdacht werden: Bezeichnungen wie *Klassen für berufsschulpflichtige Asylbewerber und Flüchtlinge* oder verkürzt *Flüchtlingsklassen* scheinen unangebracht, da so eine Verengung auf Flucht als Migrationsgrund vorgenommen wird. Eine Überlegung wäre, die Bezeichnung an die anderen in Bayern üblichen Begrifflichkeiten anzupassen: An Grund- und Mittelschulen werden neu zugewanderte Schülerinnen und Schüler in sogenannten *Übergangsklassen* unterrichtet. Die Klassen an Berufsschulen könnten diesen Titel ebenfalls tragen, da es sich ja auch hier um einen zu gestaltenden Übergang handelt, nämlich den in eine berufliche Ausbildung, eine Berufstätigkeit bzw. weiterführende Schule. Eine andere Überlegung wäre, die Terminologie zumindest an der Benennungspraxis anderer Bundesländer zu orientieren, um bundesweit für nicht mehr Benennungsvielfalt zu sorgen als notwendig. Massumi & von Dewitz (2015, S. 12) fassen zusammen, auf welche Begrifflichkeiten man sich in den einzelnen 16 Bundesländern geeinigt hat. Darunter sind Titel wie (Internationale) Vorbereitungsklasse oder Intensivklasse. In Bayern geht man derzeit verstärkt dazu über, von *Berufsintegrationsklassen* zu sprechen. Eine Abgrenzung zu Übergangsmaßnahmen ohne sprachliche Intensivförderung, z.B. zu Maßnahmen für Jugendliche ohne Ausbildungsplatz, ist dadurch nicht eindeutig gegeben. Warum eine berufliche Integration zudem nicht für jeden Schüler und jede Schülerin gleich relevant ist, wird im Folgenden angesprochen.

Wie oben bereits erwähnt kommen die befragten Schülerinnen und Schüler aus 44 unterschiedlichen Herkunftsländern. Damit gehen für jede Einzelne und jeden Einzelnen ganz unterschiedliche Bleibeperspektiven einher. Für Eritrea, Irak, Iran und Syrien berichtet das BAMF derzeit von einer Bleibewahrscheinlichkeit von über 50 Prozent.[28] Schülerinnen und Schüler aus diesen Ländern haben demnach verhältnismäßig gute Chancen, sich dauerhaft in Deutschland aufhalten zu dürfen. Bei alle anderen Ländern liegt die Wahrscheinlichkeit für eine Bleibeberechtigung in Deutschland unter 50 Prozent. Mit Blick auf die hier befragten Schülerinnen und Schüler bedeutet das, dass die Schulen und Lehrkräfte mit einer Schülerschaft arbeiten, von der 15 Prozent mit hoher Wahrscheinlichkeit bleiben werden, da sie aus Eritrea, dem Irak, Iran und Syrien stammen. Bei 76 Prozent (ohne EU) der Schülerinnen und Schüler stehen die Chancen weniger gut, sollten sie versuchen, über ein Asylverfahren einen Aufenthaltstitel in Deutschland zu erwirken. Bzgl. der Auswirkungen dieser Zahlen auf den Schulalltag sollen zwei Dinge an dieser Stelle hervorgehoben werden:

---

28 http://www.bamf.de/DE/Infothek/FragenAntworten/IntegrationskurseAsylbewerber/integrationskurse-asylbewerber-node.html [01.12.2015].

Viele Schülerinnen und Schüler in den Klassen für neu zugewanderte Jugendliche und junge Erwachsene an den bayerischen Berufsschulen befinden sich in den zwei Jahren Schulzeit in einem laufenden Asylverfahren. Die hohe psychische Belastung für jede einzelne Schülerin und jeden einzelnen Schüler steht außer Frage. Ungewissheiten und die Angst vor einer Abschiebung können Einfluss auf Lernverhalten, Motivation etc. haben. Spätestens im Falle einer Asylantragsablehnung stellt sich für alle involvierten Pädagoginnen und Pädagogen die Frage, inwiefern sie sich mit den juristischen und persönlichen Konsequenzen dieser Entscheidung für ihre Schülerinnen und Schüler auseinandersetzen wollen oder können. Inwiefern erfolgt eine Unterstützung bei Einspruchsverfahren? Inwiefern kann der Schüler oder die Schülerin in dieser Situation zusätzliche psychologische oder sozialpädagogische Betreuung erfahren? Auf die betreuenden Pädagoginnen und Pädagogen kommen auf diese Weise Situationen zu, für die sie in der Regel nicht ausgebildet sind, in denen sie sich aber dennoch in irgendeiner Weise positionieren müssen.

Zum anderen könnten die Zahlen zu Bleibewahrscheinlichkeiten die Überlegung zur Folge haben, wie zielführend die geforderte Anbahnung von Ausbildungsreife (ISB 2015, S. 13ff.) ist, wenn bei einem gewissen Anteil der Schülerinnen und Schüler davon ausgegangen werden muss, dass sie letztlich abgeschoben oder im Falle des Duldungsstatus teilweise keine Arbeits- bzw. Ausbildungserlaubnis erhalten werden. Für Asylbewerberinnen und -bewerber aus so genannten sicheren Herkunftsstaaten gilt darüber hinaus seit Mitte 2015 ein grundsätzliches Arbeits- und Ausbildungsverbot (AsylG §61). Von den befragten Schülerinnen und Schüler kommen 23 aus Ländern, die zum Zeitpunkt der Fertigstellung dieser Publikation als sichere Herkunftsstaaten gelten.

Folgende Konsequenzen lassen sich diskutieren: Die eine wäre, die derzeit bei weitem nicht ausreichenden Schulplätze vorrangig an Schülerinnen und Schüler mit hoher Bleibewahrscheinlichkeit bzw. aus Ländern, die nicht als sicher eingestuft sind, zu vergeben. Gegen dieses Vorgehen sprechen jedoch u.a. juristische Gründe: Das Bayerische Erziehungs- und Unterrichtsgesetz sieht die Schulpflicht, wie zuvor beschrieben, auch für alle Migrantinnen und Migranten ohne deutschen Pass vor. Im Gesetz genannt werden ausdrücklich auch die Schülerinnen und Schüler, bei denen der Staat sich gegen eine Aufenthaltserlaubnis entschieden hat. Gestützt wird diese Rechtslage auf Bundesebene durch Artikel 3 des Grundgesetzes, wonach niemand wegen „seiner Heimat und Herkunft [...] benachteiligt oder bevorzugt werden" (GG, Art. 3 (3)) darf. Auf europäischer Ebene regelt das Recht auf Bildung das Zusatzprotokoll der Europäischen Menschenrechtskonvention von 1952, wo es heißt: „Niemandem darf das Recht auf Bildung verwehrt werden" (EMRK, Art. 2). Die Charta der Grundrechte der Europäischen Union wird noch konkreter, indem die berufliche Bildung dezidiert mit angesprochen wird: „Jede Person hat das Recht auf Bildung sowie auf Zugang zur beruflichen Ausbildung und Weiterbildung" (Grundrechtecharta, Art. 14 (1)). Die Bevorzugung von Schülerinnen und Schüler mit hoher Bleibewahrscheinlichkeit bzw. die Ablehnung von Personen aus sicheren Herkunftsstaaten bei der Vergabe von Schulplätzen wäre juristisch demnach nicht zu vertreten.[29] Schulen müssen sich also darauf einstellen, dass sie Schülerinnen und Schüler in den Klassen haben, deren Aussichten auf einen Aufenthaltstitel unwahrscheinlich oder zumindest ungewiss sind. In diesen Fällen kann die Ausbildungsreife als prominentes, dominierendes Ziel der zweijährigen Schulzeit in Frage gestellt werden, denn es wird Schülerinnen und Schüler geben, deren Wunsch nach Vermittlung in den Arbeitsmarkt von aufenthaltsrechtlichen Rahmenbedingungen gebremst bis verhindert wird. Für den Schulalltag bedeutet das, dass die Berufsorientierung und -vorbereitung nicht für alle in gleichem Umfang relevant sind und deshalb nicht alleiniges Ziel der Beschulung sein sollten. Die Pädagoginnen und Pädagogen müssen auf die Möglichkeit jedes einzelnen Schülers bzw. jeder einzelnen Schülerin reagieren und tun gut daran, bei Bedarf auch andere lebensweltliche Themen stark in den Mittelpunkt zu stellen.

Zum Abschluss der Itemauswertung soll exemplarisch der Frage nachgegangen werden, wie die Verteilung der Herkunftsländer in den sieben bayerischen Regierungsbezirken aussieht. Abbildung 4 macht deutlich, wie groß der Anteil an Schülerinnen und Schüler aus Afghanistan in Bezug auf die gesamte Schülerschaft des jeweiligen Regierungsbezirkes ist, die an der Befragung teilgenommen haben. Es zeigt sich, dass mit 50–57 Prozent in Nieder- und Oberbayern der Anteil relativ groß ist, in Unter- und Mittelfranken lediglich um die 20 Prozent der Schülerinnen und Schüler aus Afghanistan kommen.[30] Würden alle Regierungsbezirke anteilig gleich viele Schülerinnen und Schüler aus Afghanistan aufnehmen, so wären das rund 39 Prozent der jeweiligen Schülerschaft vor Ort (vgl. Abbildung 3).

---

29 S. aber zur fraglichen individuellen Einklagbarkeit entsprechender Rechte Schroeder & Seukwa (2007, S. 248ff.)

30 Die zweitgrößte Gruppe der Somalier ist mit 37 Schülerinnen und Schüler bereits zu klein, um hier ebenfalls eine aussagekräftige statistische Verteilung vorzunehmen.

Abbildung 4: Anteil an Schülerinnen und Schülern aus Afghanistan in den einzelnen Regierungsbezirken im Verhältnis zur jeweiligen Gesamtschülerschaft

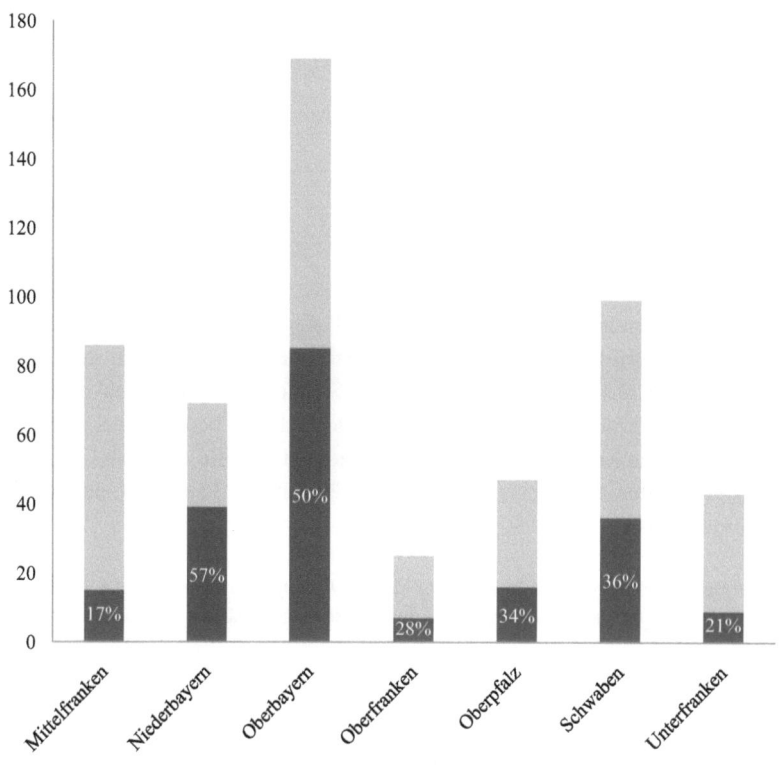

Insgesamt lässt sich erkennen, dass sich die Regierungsbezirke nicht auf die Beschulung von Schülerinnen und Schüler einzelner Staatsangehörigkeiten beschränken können oder müssen, sondern Schulen und Lehrkräfte im gesamten Freistaat auf Schülerinnen und Schüler unterschiedlichster Herkunftsländer treffen.

Lebenssituation in Deutschland

314 der befragten Schülerinnen und Schüler, und damit mehr als die Hälfte, geben an, dass sie alleine in Deutschland sind. Darunter sind zum einen unbegleitete minderjährige Schülerinnen und Schüler, zum anderen junge Frauen und

Männer über 18 Jahre. Wie viele Minderjährige sich unter den Befragten befinden, wurde nicht erhoben.

Tabelle 7: Lebenssituation in Deutschland (n = 528) (Die Prozentangaben sind gerundet. Deshalb weichen sie in der Summe geringfügig von 100 ab.)

	Prozentualer Anteil	Absoluter Anteil
Alleine in Deutschland	60%	314
Nicht alleine in Deutschland	38%	198
Das möchte ich nicht sagen.	3%	16

198 Schülerinnen und Schüler, und damit 38 Prozent, kreuzen an, dass sie nicht alleine in Deutschland sind. In den häufigsten Fällen ist die Mutter mit in Deutschland, oft auch Brüder, der Vater und Schwestern. Seltener befinden sich Tanten und Onkel vor Ort. In 15 Fällen geben die Schülerinnen und Schüler an, dass sich die Ehefrau oder der Ehemann mit in Deutschland befindet, bei zwölf Personen das eigene Kind. Zur Kategorie Sonstiges wurden die Angaben Oma, Opa, Stiefvater/-mutter, Cousin/-e, Nichte, Neffe, Pflegevater, Patentante und Freund zusammengefasst.

Abbildung 5: Familienmitglieder in Deutschland (Die Angaben basieren auf n = 198. Aufgrund von Mehrfachnennungen ist die Summe der Angaben > 198.)

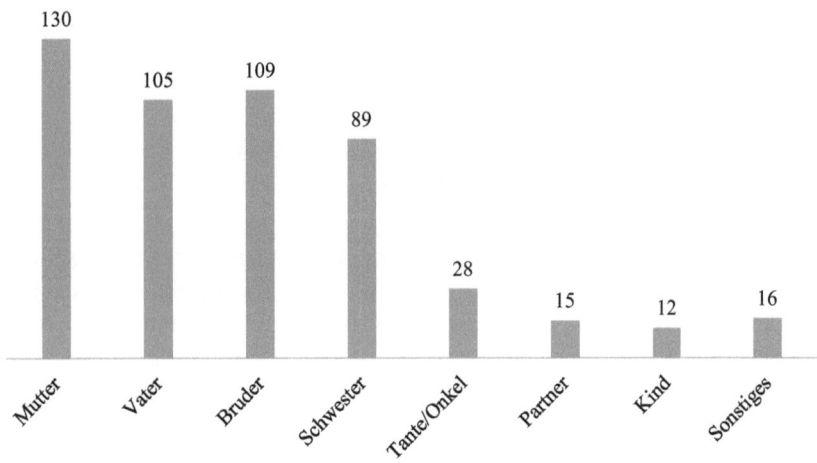

Welche Konsequenzen der hohe Anteil an unbegleiteten Schülerinnen und Schüler auf die Lebens- und Lernsituation der einzelnen jungen Erwachsenen einerseits und die sie betreuenden Personen anderseits hat, könnte durch gezielte Studien erfasst und ausführlich reflektiert werden. An dieser Stelle sei lediglich die Vermutung geäußert, dass Pädagoginnen und Pädagogen unter Umständen stärker als Identifikationsfiguren und (Lebens-)Beraterinnen und Berater gesehen werden als es insbesondere Berufsschullehrkräfte von ihrer bisherigen Schülerschaft gewohnt waren. Lehrkräfte, Sozialpädagoginnen, -pädgogen etc. sollten Gelegenheit bekommen, mögliche Rollen, die sich aus den Erwartungen an sie ergeben, zu reflektieren, um für sich bewusst entscheiden zu können, welchen dieser Erwartungen sie gerecht werden können bzw. wollen und welchen nicht.

b. Sprachbiografie

Muttersprache

Die Frage nach der Muttersprache bzw. den Muttersprachen[31] beantworten 529 Schülerinnen und Schüler. Es liegen 716 Nennungen vor und damit durchschnittlich 1,35 Muttersprachen pro Schüler bzw. Schülerin. Insgesamt werden 55 Muttersprachen aufgeführt, in zehn Fällen kann die genannte Sprache nicht eindeutig identifiziert werden, darunter z.B. Tunkisch, Oromifa oder Indisch. Sie werden unter dem Stichwort *uneindeutig* zu einer 56. Angabe zusammengefasst. Damit deckt sich die Erfahrung nicht mit der von Chlosta et al. (2003, S. 47f.), die konstatieren, dass relativ viele Schülerinnen und Schüler ihre Sprachen nicht eindeutig benennen können. Der Grund für diese unterschiedlichen Beobachtungen mag die unterschiedliche Zielgruppe der Befragung sein. Chlosta et al. haben Grundschulklassen befragt, d.h. sehr junge Menschen. Darüber hinaus ist zu vermuten, dass die befragten neu zugewanderten Jugendlichen und jungen Erwachsenen in Bayern Auskünfte über ihr Sprachrepertoire im Rahmen von Behördengängen o.Ä. gewohnt sind.

Ein einzelner Schüler bzw. eine einzelne Schülerin gibt maximal fünf Muttersprachen an, z.B. Dari, Farsi, Paschto, Urdu und Englisch. In Abbildung 6 sind alle Sprachen mit mindestens zehn Nennungen aufgeführt, in Anhang 3 findet sich eine Gesamtauflistung.[32]

---

31 Zur Entscheidung für *Muttersprache* anstelle von *Erstsprache* o.Ä. siehe die näheren Erläuterungen unter „Auswahl der Items".

32 Deutschlands Innenpolitik (wie im Falle der verstärkt angedrohten Abschiebungen von Menschen aus Afghanistan) und die Weltpolitik (wie im Falle des anhaltenden Krieges in Syrien) werden Fluchtbewegungen mittelfristig womöglich verändern. Die Sprachenrangfolge wird in den folgenden Abbildungen demnach evtl. anzupassen sein, ohne dass derzeit davon auszugehen ist, dass eine der Sprachen gänzlich weichen wird.

Abbildung 6: Muttersprachen mit mindestens zehn Nennungen (n = 529)

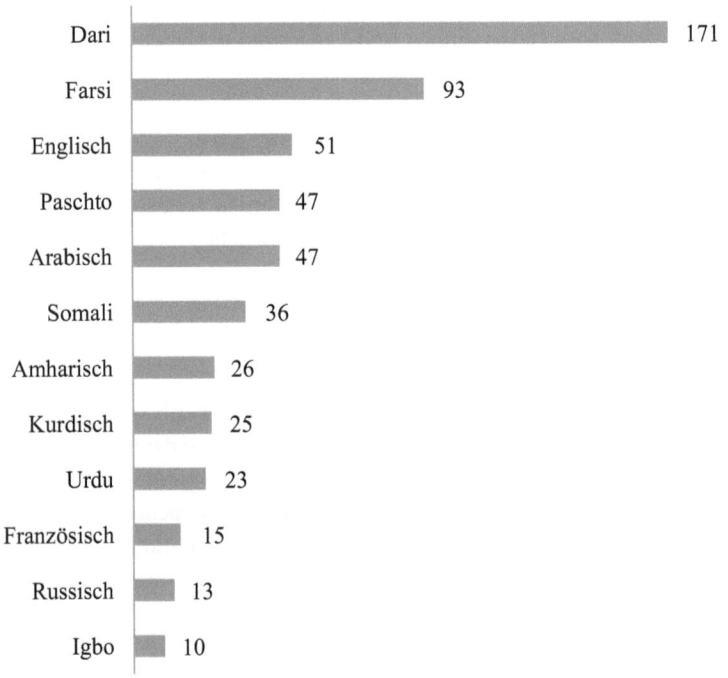

Ein Blick auf die in Abbildung 3 dargestellten Heimatländer ließ einen Großteil der genannten Muttersprachen erwarten. Afghanistan ist eindeutiges Hauptherkunftsland der Schülerinnen und Schüler, die dort meist verbreiteten Sprachen sind Dari/Farsi und Paschto mit insgesamt bis zu 15 Millionen Sprechern (Haarmann 2002, S. 273). Für Somalia wiederum, dem zweithäufigste Herkunftsland, waren die Sprachnennung Somali und Englisch[33] zu vermuten (ebd., S. 176f.), für Äthiopien die Sprache Amharisch (ebd., S. 137). Zur Verdeutlichung der Zusammenhänge: 28 Schülerinnen und Schüler haben Äthiopien als Heimatland angegeben, 26 Mal wird Amharisch als Muttersprache genannt. Einzelne Schülerinnen und Schüler aus Äthiopien wählen auch Oromo. Interessant sind u.a. die 51 Nennungen für Englisch und 15 Nennungen für Französisch. Ein genauerer Blick in die Daten zeigt, dass die Angabe Französisch ausschließlich von Schülerinnen und Schüler aus afrikanischen Staaten stammt. Die 15 Nennungen wurden von

---

33 Laut Haarmann (2002, S. 177) war Englisch neben dem Italienischen bis 1972 Amtssprache in Somalia.

Schülerinnen und Schülern aus Burkina Faso (1), Kongo (6), Mali (1), Senegal (6) und Uganda (1) getätigt. Französisch ist in all diesen Ländern Amtssprache außer in Uganda. Wie diese eine Nennung zustande kam, kann an dieser Stelle nicht geklärt werden. Unter den Schülerinnen und Schülern mit Muttersprache Englisch sind 32, die als Heimat ein Land mit Amtssprache Englisch haben, darunter Ghana (1), Indien (1), Nigeria (10), Pakistan[34] (4), Sierra Leone (7), Somalia (7) und Uganda (2). 17 weitere Schülerinnen und Schüler nennen Englisch als Muttersprache, ohne dass Englisch in der Heimat Amtssprache wäre, zwei Schülerinnen und Schüler mit Muttersprache Englisch geben kein Heimatland an. Für diese insgesamt 19 Personen kann auf der Basis des Fragebogens keine nähere Erklärung für die Muttersprachenwahl Englisch gefunden werden. Insgesamt zeigt sich, dass die verhältnismäßig häufigen Nennungen von Französisch und Englisch als Muttersprachen in vielen Fällen über die Amtssprache erklärt werden können, die in mehreren Herkunftsländern identisch ist und somit eine Häufung von gleichen Antworten zustande kommt. Die Detailanalyse für die 25 Nennungen des Kurdischen klärt darüber auf, dass sie von Schülerinnen und Schüler aus Armenien (1), dem Irak (17) und Syrien (7) angegeben werden. Haarmann (2002) nennt Kurdisch als Sprachen all dieser Länder, jedoch nicht als Amtssprache oder die am häufigsten gesprochene Sprache. Die Ergebnisse zeigen in eine Richtung, die von Baur et al. (2001, S. 78) wie folgt formuliert wird: Die „proportionale Verteilung der Sprachen in dem jeweiligen Heimatland [lässt] keinen Rückschluss auf die Verteilung der Sprachen in den jeweiligen Einwanderergruppen in der Bundesrepublik Deutschland zu. Vielfach migrieren gerade gesellschaftlich unterdrückte Minderheiten oder werden zur Flucht gezwungen. Entsprechend ist die proportionale Verteilung von Minderheitensprachen in einer Einwanderergruppe meist höher als in dem Herkunftsland dieser Gruppe."

Zwei Implikationen aus der muttersprachlichen Vielfalt, wie sie in Anhang 3 dargestellt ist, sollen an dieser Stelle skizziert werden: Zum einen gibt es an manchen Hochschulstandorten im Rahmen der Lehrerbildung die Auflage, eine sogenannte Migranten- oder Partnersprache zu erlernen.[35] Abbildung 6 zeigt

---

34 Laut Haarmann (2002, S. 316) ist Englisch als Übergangslösung eine der Amtssprachen in Pakistan.
35 S. z.B. den Sprachkanon für den Studiengang Didaktik des Deutsch als Zweitsprache an den einzelnen Universitäten in Bayern. An der LMU München heißt es beispielsweise. „Es stehen folgende zwölf Partnersprachen zur Wahl: Arabisch, Italienisch, Kroatisch, Neugriechisch, Persisch, Polnisch, Portugiesisch, Rumänisch, Russisch, Serbisch, Spanisch, Türkisch." (https://www.uni-muenchen.de/studium/studienangebot/studiengaenge/studienfaecher/did_deuts_/lehramt_neu/la_grunds_6/index.html) [08.12.2015].

deutlich, dass Angebote in den Sprachen der früheren Arbeitsmigrantinnen und -migranten wie Türkisch, Italienisch oder Neugriechisch die Bedarfe in den Klassen neu zugewanderter Schülerinnen und Schüler nicht mehr decken. Zum anderen lassen sich auf Basis von empirischen Befunden wie in Abbildung 6 verhaltene Prognosen hinsichtlich künftiger Nachfragen nach muttersprachlichem Unterricht ablesen. Es ist davon auszugehen, dass sich ein gewisser Anteil der Befragten dauerhaft in Deutschland aufhalten und wiederum ein Teil davon eine Familie gründen wird. So wird auf das Bildungssystem auch die Frage nach der Förderung der Herkunftssprachen zukommen, denn: „Man darf nicht einseitig nur auf die sprachliche Förderung von Deutsch als Zweitsprache fokussieren, sondern sollte auch sprachliche Ressourcen erhalten und fördern, die in der Schülerschaft bzw. der Gesellschaft vorhanden sind" (Chlosta & Ostermann 2007, S. 63). Unabhängig davon, wie hier Zuständigkeiten, Ressourcen etc. verhandelt werden, deuten die vorliegenden Ergebnisse bereits jetzt einen sich abzeichnenden Bedarf an herkunftssprachlichem Unterricht an. Dass dieser anhalten wird, machen Boos-Nünning & Karakaşoğlu (2005, S. 220) deutlich: „Es ist gesichert, dass ein erheblicher Teil der Migranten und Migrantinnen auch zwei und mehr Generationen nach ihrer Einwanderung Interesse hat, die Sprache der Eltern und Großeltern als Teil des kulturellen Kapitals an die nächste Generation weiterzugeben."

Zuletzt soll noch darauf hingewiesen werden, dass fünf Schülerinnen und Schüler und damit ein knappes Prozent bei der Frage nach der Muttersprache *Deutsch* angegeben haben. Hier muss davon ausgegangen werden, dass die Frage nicht verstanden oder genau genug gelesen wurde. Andere Erklärungen liegen nicht nahe, denn die Klassen definieren sich eben gerade darüber, dass sie von Personen besucht werden, „die auf Grund mangelnder Kenntnis der deutschen Sprache dem Unterricht in regulären Klassen der Berufsschule für Jugendliche ohne Ausbildungsplatz nicht folgen können" (KM 2014). Bei Ahrenholz & Maak (2013, S. 25) geben weitaus mehr neu zugewanderte Schülerinnen und Schüler Deutsch als Muttersprache an, nämlich 16,8 Prozent Prozent. Ahrenholz & Maak ziehen die Korrektheit dieser Aussagen in Betracht, was insofern möglich scheint, als dass die Befragten teilweise angeben, vor ihrer Einreise nach Deutschland bereits Deutsch gelernt zu haben (Ahrenholz & Maak 2013, S. 23) und sie sich nicht in gesonderten Sprachförder-, sondern in Regelklassen befinden (Maak 2014). Letztlich bleibt aber dennoch zu vermuten, dass Items zur Muttersprache auch hier nicht immer richtig bearbeitet wurden.

In den Berichten über Befragungen zur Mehrsprachigkeit von Schülerinnen und Schülern kommt es immer wieder zum Plädoyer, neben Aspekten wie der Staatsbürgerschaft insbesondere auch die Mehrsprachigkeit der Befragten "zur Bedarfsfeststellung und -planung von muttersprachlichem Unterricht, Integrationshilfen und Förderunterricht (Baur et al. 2001, S. 75) zu erheben. Der vorausgegangene Abschnitt hat die Mehrsprachigkeit in den bayerischen Berufsintegrationsklassen aus dem Blickwinkel der *Muttersprachen* gezeigt. Im Folgenden soll nun darüber hinaus genauer beleuchtet werden, welche sprachliche Vielfalt die Schülerinnen und Schüler mitbringen, unabhängig davon, ob sie die Sprachen auf muttersprachlichem Niveau beherrschen oder nicht.

Sprachenvielfalt

Die Schülerinnen und Schüler wurden nicht nur nach ihren Muttersprachen gefragt, sondern auch welche Sprachen sie allgemein verstehen, sprechen, lesen und schreiben können. Nimmt man die dabei getätigten Sprachnennungen zu den vier Fertigkeiten gesammelt in den Blick, so finden sich insgesamt 64 verschiedene Sprachen[36] und damit neun mehr als bei der Frage zu den individuellen Muttersprachen (Abbildung 6). Abbildung 7 zeigt alle Sprachen, bei denen zumindest eine der Fertigkeiten mehr als 20 Mal genannt wurde. Eine Übersicht über alle Angaben der Schülerinnen und Schüler ist Anhang 4 zu entnehmen. Insgesamt gab es bei der Fertigkeit *lesen* die meisten Nennungen. Das ist schon alleine deshalb interessant, als dass später in Tabelle 9 zu sehen sein wird, dass 29 Schülerinnen und Schüler erst in Deutschland lesen gelernt haben.

Für das Deutsche ist einerseits auffällig, dass nicht alle 538 Befragten angekreuzt haben, dass sie Deutsch verstehen, sprechen, lesen und schreiben können. Zum anderen lässt sich feststellen, dass 487 Schülerinnen und Schüler bei sich Lesekompetenzen im Deutschen wahrnehmen, aber nur 435 das im Falle der Fertigkeit *sprechen* über sich aussagen. Dass rezeptive schriftsprachliche Kompetenzen besser eingeschätzt werden als das Sprechen, kann verschieden Ursachen haben. Es kann vermutet werden, dass hier der Einfluss von Berufsschule und Kooperationspartner sichtbar wird. Schriftsprachliche Kompetenzen können ein Anzeichen dafür sein, dass eine Sprache in institutionalisiertem Rahmen gelernt wird. Der Berufsschule und dem Kooperationspartner scheint es zu gelingen, den Schülerinnen und Schülern Lesen- und Schreibkompetenzen auf einem Niveau beizubringen, dass diese dazu veranlasst, über sich selbst auszusagen, dass sie die deutsche Sprache in diesen Bereichen können. Wissenswert wäre, woran

---

36 Es ist an dieser Stelle pauschal von Sprachen die Rede, auch wenn sich in Einzelfällen diskutieren lässt, ob es sich um eigene Sprachen oder nicht vielmehr Varietäten oder Dialekte einer anderen Sprache handelt, so beispielsweise im Falle von Dari/Farsi und Potohari/Punjabi.

die Befragten das Können der einzelnen Fertigkeiten festmachen oder anders betrachtet, was sie zu der Einschätzung bringt, dass sie die deutsche Sprache im Bereich Sprechen eben nicht so gut beherrschen wie beim Lesen. Dass die Einschätzung der eigenen Sprachkompetenz neben der subjektiven Einschätzung des Kompetenzstandes auch noch andere Einflussfaktoren haben kann, zeigen Chlosta & Ostermann (2006, S. 63f.) auf, wenn sie die Kompetenzeinschätzung der von ihnen befragten Schülerinnen und Schüler in Essen wie folgt kommentieren: „Es ist in keiner Weise zu vermuten, dass die dort angegebenen Werte tatsächliche Lernfähigkeiten oder Sprachfähigkeiten wiedergeben, sondern eher die emphatische Haltung zur Sprache widerspiegeln." Von den neu zugewanderten Schülerinnen und Schülern an Bayerns Berufsschulen sehen zwischen 103 (sprechen) und 51 (lesen) ihre Deutschkompetenzen nicht derart gut ausgebildet, dass sie über sich selbst aussagen möchten, dass sie deutsche Sprache im Bereich der jeweiligen Fertigkeit können. Mangelnde Empathie zur deutschen Sprache könnte wie von Chlosta & Ostermann (2006) einer der Gründe hierfür sein. Darüber hinaus müssen aber andere Erklärungen in Betracht gezogen werden wie eine selbstkritische Haltung in Bezug auf die eigenen sprachlichen Kompetenzen. Auch kann vermutet werden, dass es manchem oder mancher zu offensichtlich schien, dass sie über Kompetenzen im Bereich des Deutsch verfügen und die Fragen evtl. so aufgefasst haben, dass nur die darüber hinaus beherrschten Sprachen für die Autoren des Fragebogens von Interesse sind. Des Weiteren besteht die Möglichkeit, dass die Schülerinnen und Schüler mit den Fragen nach den Sprachkompetenzen in Bezug auf die einzelnen Fertigkeiten vereinzelt Schwierigkeiten hatten, die Aussagekraft der Zahlen hier also eingeschränkt ist. Anhand der Sprachen Somali und Amharisch soll diese Überlegung genauer ausgeführt werden: Aus Abbildung 6 ist abzulesen, dass 36 Schülerinnen und Schüler über sich selbst aussagen, dass Somali ihre Muttersprache ist. In der Folge irritiert, dass bei keiner der Fertigkeiten (Abbildung 7) dieser Wert erreicht wird. Nur 33 sagen über sich selbst aus, dass sie in Somali lesen können, 34 verstehen Somali, 32 schreiben in Somali und 31 geben an, dass sie Somali sprechen können. Eine Erklärung für diese Zahlenwerte könnte sein, dass ein Teil der 36 Befragten für sich selbst muttersprachliche Kompetenzen im Bereich einer Fertigkeit A sieht und ein anderer Teil im Bereich der Fertigkeit B. Somit wäre nicht bei allen Fertigkeiten der Wert 36 zwingend. Nichtsdestotrotz scheint es wahrscheinlicher, dass einige Schülerinnen und Schüler die Antwort Somali bei der Frage nach den Muttersprachen insofern als ausreichend betrachtet haben, als dass sie es für überflüssig ansahen, diese Sprachen bei den vier späteren Fragen zum Verstehen, Sprechen, Lesen und Schreiben noch einmal anzukreuzen. Ähnlich verhält es sich mit den Angaben zur Sprache Amharisch, über die

26 Schülerinnen und Schüler sagen, dass es ihre Muttersprache ist. Bei den Fragen nach den Fertigkeiten finden sich jedoch nur elf bis 18 Nennungen. Es sei hier abschließend erwähnt, dass es Sprachen gibt, die kaum oder selten schriftlich genutzt werden, v.a. wenn sie nicht Amtssprachen in einem Land sind.

Das Englisch weist für die Fertigkeit Lesen um deutlich höhere Werte auf als für die anderen drei Fertigkeiten. Eine mögliche Erklärung wäre, dass in digitalen sozialen Netzwerken und bei digitalen Nachrichtendienste die Notwendigkeit besteht, Informationen aus Textprodukten zu entnehmen, die Schülerinnen und Schüler aber nicht zwangsweise selbst Text in englischer Sprache produzieren. Dass die Schülerinnen und Schüler digitale Kanäle intensiv für das Lernen nutzen, zeigt Abbildung 13. Darin geht es allerdings explizit um das Erlernen der deutschen Sprache. Dass die Ergebnisse auch auf das Englische übertragen werden können, muss an dieser Stelle eine Hypothese bleiben. Eine vertiefte Erforschung der Englischkompetenzen der Schülerinnen und Schüler wäre generell von Interesse. So wäre es aufschlussreich zu wissen, in welchen Kontexten und bis zu welchem sprachlichen Niveau die Schülerinnen und Schüler die englische Sprache erlernt haben. Darauf basierende Überlegungen zu einer möglichen Tertiärsprachendidaktik folgen im Abschnitt „Neue Sprachen in der Schule".

Abbildung 7: *Sprachenvielfalt in den vier Fertigkeiten mit mindestens 20 Nennungen (Die Angaben basieren auf n_{lesen} = 529, $n_{verstehen}$ = 516, $n_{schreiben}$ = 520, $n_{sprechen}$ = 517.)*

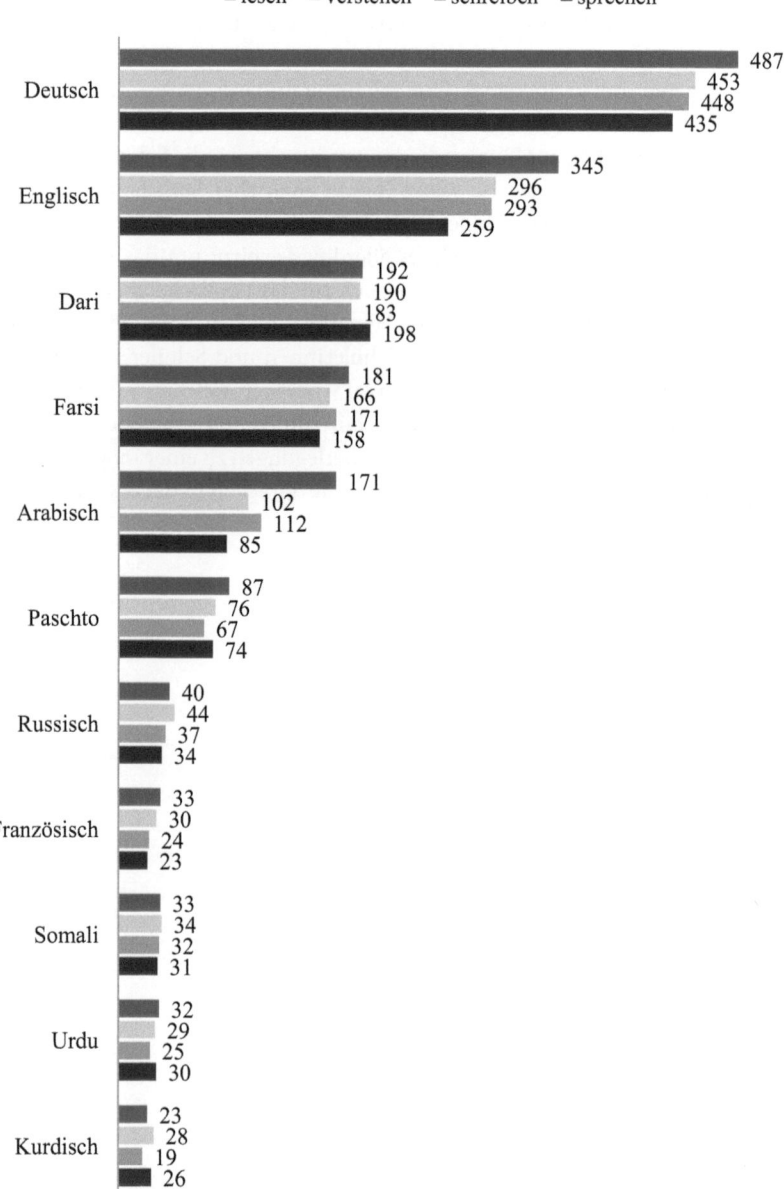

Für das Arabische ist auffällig, dass mehr als doppelt so viele Schülerinnen und Schüler die Sprache lesen als sprechen können. Evtl. kann hier eine Erklärung über die Traditionen der Koranrezeption gefunden werden. Möglicherweise ist einzelnen Schülerinnen und Schülern die arabische Sprache aus der Beschäftigung mit dem Koran bekannt, ohne dass im gleichen Maße kommunikative Kompetenzen ausgebildet worden wären.[37]

Wollte man aus der untersuchten Zielgruppe einen Durchschnittsschüler konstruieren, so würde er 3,0 Sprachen sprechen, 3,1 Sprachen schreiben, 3,2 verstehen und 3,5 lesen. Für alle vier Fertigkeiten lässt sich sagen, dass 50 Prozent der Schülerinnen und Schüler zwei bis vier Sprachen, 25 weitere Prozent bis zu sieben Sprachen können. Bis zu zehn genannte Sprachen kommen nur in Ausnahmefällen und ausschließlich bei den Fertigkeiten *lesen* und *sprechen* vor. Ein Schüler gibt beispielsweise folgende zehn Sprachen bei der Frage nach seinen Lesekompetenzen an: Arabisch, Deutsch, Englisch, Farsi, Französisch, Dari, Panjabi, Paschto, Potohari und Urdu.

Mit insgesamt 55 Sprachnennungen im Bereich der Muttersprache (Anhang 3) und 64 Sprachnennungen im Rahmen der nach Fertigkeiten differenzierten Fragen nach dem Sprachkönnen (Anhang 4) ist die Sprachenvielfalt in den bayerischen Berufsschulklassen für neu Zugewanderte insgesamt geringer ausgeprägt als im Regelschulsystem einiger deutscher Großstädte. Ahrenholz & Maak (2013, S. 25) haben unter den Schülerinnen und Schülern an weiterführenden Schulen in Erfurt 64 Familiensprachen identifiziert, Decker & Schnitzer (2012, S. 101) für Freiburg 85 Sprachen, Fürstenau et al. (2003, S. 47) nennen für die Hamburger Schülerschaft 90 Sprachen und in Essen sprechen Grundschülerinnen und -schüler um die 100 Sprachen (Chlosta et al. 2003, S. 46).[38] Für die von Chlosta et al. (2003, S. 48 f.) konstruierte Durchschnittsschule ergibt sich: Im Schnitt sind „15 unterschiedliche Sprachen an einer Schule versammelt, wobei mindestens 5 und höchstens 34 verschiedene Sprachen an den Schulen gesprochen werden. Bei dieser Zählung ist Deutsch nicht mitgerechnet". Der Vergleich der Zahlen zwischen den Untersuchungen in deutschen Großstädten und der Befragung in Bayern hinkt jedoch aufgrund unterschiedlicher Fallzahlen. Bei einer höheren Schülerzahl ist auch eine größere sprachliche Vielfalt anzunehmen. Hinzu kommt ein mögliches Stadt-Land-Gefälle. Nichtsdestotrotz kann festgehalten werden, dass neu zugewanderte Schülerinnen und Schüler eine Schule nicht

---

[37] Wir danken Herrn Dr. Tarek Badawia (FAU Erlangen-Nürnberg, Department Islamisch-Religiöse Studien DIRS) für die hilfreichen Hinweise.
[38] Für bayerische Großstädte liegen bisher keine vergleichbaren Studien vor.

zwangsläufig mehrsprachiger machen, als sie eh bereits ist. Die Mehrsprachigkeit wird in ihrem besonderen Fall lediglich offensichtlicher und als Grundlage für die Klassenzuweisung genutzt. In den Regelklassen bleibt die sprachliche Vielfalt der Schülerinnen und Schüler aufgrund vorhandener Deutschkenntnisse oftmals unsichtbar. Chlosta et al. (2003, S. 59) berichten jedoch, dass 42,6 Prozent der von ihnen befragten Kinder angeben, dass ihnen ihre Mehrsprachigkeit in der Schule hilft. Ob die zugewanderten Jugendlichen und jungen Erwachsenen dieser Aussage zustimmen würden und worin ggf. die konkrete Hilfestellung besteht, wäre zu erforschen. Inwiefern es für den Lernprozess sinnvoll wäre, die sprachliche Vielfalt der Schülerinnen und Schüler stärker zu berücksichtigen, kann an dieser Stelle nicht weiter vertieft werden (z.B. Fürstenau & Gomolla 2011).

Schulsprache in der Heimat

Alle Schülerinnen und Schüler, die in der Heimat bereits eine Schule besucht haben (n = 449, s. Näheres dazu weiter unten), wurden danach gefragt, welche Sprachen die Lehrkräfte mit ihnen damals gesprochen haben. Interessant ist ein Vergleich mit den in Abbildung 6 aufgeführten Muttersprachen, auch wenn dieser hier nur als Tendenz vorgenommen werden soll, da Abbildung 6 und 8 sich in ihrem n unterscheiden.

Abbildung 8: Sprachen in der Schule des Heimatlandes mit mindestens zehn Nennungen (n = 459)

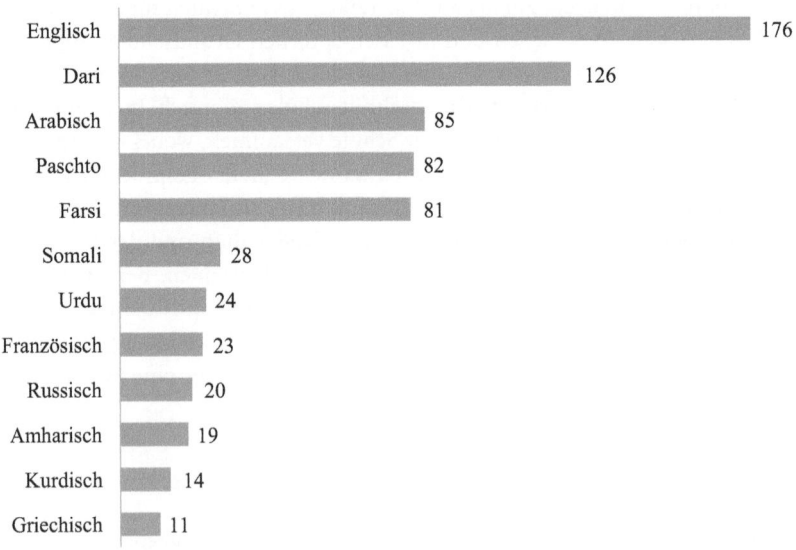

In Abbildung 8 sind alle Sprachen mit mindestens zehn Nennungen aufgeführt, Anhang 5 enthält alle Angaben der Befragten. Es lässt sich erkennen, dass Englisch, Arabisch, Paschto, Russisch, Urdu und Französisch häufiger die Sprache der Lehrkräfte in der Heimat waren im Vergleich zu den in Abbildung 6 genannten Muttersprachen. In Abbildung 6 zeigt sich, dass 51 Schülerinnen und Schüler Englisch als Muttersprache angeben, als Schulsprache wird Englisch hingegen von 176 Befragten benannt. Vermutlich haben die Schülerinnen und Schüler nicht nur an Englisch als Unterrichtssprache in z.B. Mathematik oder den Sachfächern, sondern auch an den Fremdsprachenunterricht gedacht, wie der spätere Vergleich mit Tabelle 8 weiter unten verdeutlicht. Arabisch geben 85 Schülerinnen und Schüler als Sprache der Lehrkräfte in der Heimat an, nur 47 Befragte bezeichnen diese Sprache als ihre Muttersprache. Paschto ist ebenfalls von 47 Schülerinnen und Schülern Muttersprache, in der Schule wurde diese Sprache jedoch in 82 Fällen gebraucht. Im Falle von Französisch wird die Sprache 15 Mal als Muttersprache genannt im Vergleich zu 23 Angaben in der Rubrik der Schulsprachen. Für Russisch liegt eine verhältnismäßig kleine Probandenzahl vor, doch auch hier lässt sich ein Unterschied feststellen: Unter den Befragten sind 13 Schülerinnen und Schüler mit Muttersprache Russisch, 20 Mal wird diese Sprache als Sprache der Lehrkräfte in der Heimat benannt. Für Urdu ist der Unterschied zwischen Abbildung 6 und 8 marginal.

Es zeigen sich hier zwei Dinge: Zum einen ist unter den Schülerinnen und Schülern ein Anteil, der es gewohnt ist, dass Lehrkräfte in der Schule Sprachen sprechen, welche nicht die eigene Muttersprache sind, sei es im Fremdsprachenunterricht oder weil die Unterrichtssprache der Sachfächer nicht die eigene Muttersprache ist. Zum anderen sind offensichtlich diejenigen Sprachen, die zuvor in Tabelle 3 als Amtssprachen eines Landes identifiziert wurden, häufiger Schul- als Muttersprache.

Neue Sprachen in der Schule

449 der insgesamt 538 befragten Schülerinnen und Schüler geben an, in der Heimat eine Schule besucht zu haben. Davon sagen 305 aus, dass sie dort eine oder mehrere neue Sprachen gelernt haben.[39] Folgende Lernkontexte scheinen dabei

---

39 Zur Unterscheidung zwischen Erlernen und Erwerben kann gesagt werden: „Fremdsprachen**lernen** steht dabei häufig für die gesteuerte und explizite Aneignung einer Sprache in institutionellen Kontexten.[…] Unter Zweitsprach**erwerb** wird demgegenüber die ungesteuerte und implizite Aneignung einer Sprache unter den Bedingungen und Möglichkeiten von Alltagskommunikation im Zielsprachenland verstanden. Diese

besonders wahrscheinlich: Manche Sprachen waren vermutlich Lerngegenstand im Rahmen eines entsprechenden Unterrichtsfaches. So ist anzunehmen, dass die 263 Englisch-Nennungen in vielen Fällen auf ein Schulfach Englisch zurückgehen. Eine andere Möglichkeit wäre, dass eine Sprache ungesteuert erworben wird, weil sie die Sprache der Schule ist, ohne dass eine gesonderte Unterweisung stattfinden würde. In diesen Fällen könnte die jeweilige Sprache entweder die Unterrichtssprache sein oder aber es entstehen Lernkontexte durch das Zusammensein verschiedener Mitschülerinnen und Mitschüler mit unterschiedlichen Muttersprachen. Um welchen schulischen Sprachlernkontexte es sich bei den einzelnen Schülerinnen und Schülern jeweils handelte, geht aus den Zahlen nicht hervor. Für alle 305 Schülerinnen und Schüler kann jedoch gesagt werden, dass sie Sprachlernerfahrungen aus dem Kinder- und/oder Jugendalter mit nach Deutschland bringen. Ein Teil von ihnen ist zudem mit dem institutionalisierten Erlernen einer Sprache vertraut. Hier könnte folglich intensiver diskutiert werden, inwiefern didaktische Ansätze zur Vermittlung des Deutschen in Frage kommen, die sich an den Prinzipien einer Tertiärsprachendidaktik orientieren. Hufeisen (2003, S. 9) schreibt dazu: „So werden Vorerfahrungen nicht länger ignoriert bzw. liegen brach, sondern ermöglichen es, dass der L3-FSU auf einer höheren Stufe beginnen, die Progression steiler angelegt sein und die Inhalte anspruchsvoller sein können."[40]

Englisch war im Fragebogen die einzige Sprache, welche als Antwortmöglichkeit vorgegeben war. Sie wird 263 Mal angekreuzt. Im offenen Antwortfeld werden weitere 19 Sprachen genannt, auf die insgesamt 108 Nennungen entfallen. Sprachen wie Usbekisch, Serbisch oder Kurdisch werden dabei je nur ein einziges Mal genannt. Im Vergleich damit treten die Sprachnennungen Arabisch (32), Französisch (26), Deutsch (14) und Russisch (10) gehäufter auf. Anhang 6 zeigt alle Schülerangaben als Übersicht. Bei den 14 Nennungen *Deutsch* handelt es sich in 11 Fällen um Schülerinnen und Schüler aus europäischen Herkunftsländern wie Polen oder Serbien. Ein ausgebautes Angebot an Möglichkeiten zum Deutschlernen kann hier konstatiert werden, aus Polen stammen weltweit die meisten Deutsch als Fremdsprache-Lernerinnen und -Lerner (Auswärtiges Amt 2015, S. 19). Dass diese Schülerinnen und Schüler in Deutschland dennoch in

---

strikte Trennung zwischen Lernen und Erwerben kann nach heutiger Auffassung nicht aufrechterhalten werden" (Ohm 2015; Hervorhebungen durch die Autoren).
40 FSU: Fremdsprachenunterricht
L3: Hier ist damit eine Fremdsprache gemeint, die nach einer ersten Fremdsprache gelernt wird. L1 wäre somit die Muttersprache, L2 die erste Fremdsprache und L3 die dritte (+ x) Fremdsprache.

einer Klasse für Menschen ohne vertiefte Deutschkenntnisse sind, kann insofern sein, als dass mit dem Item keinerlei Informationen bzgl. des erworbenen Sprachstandes bis zum Zeitpunkt der Migration abgefragt wurden. Es muss hinzugefügt werden, dass drei polnischen Schülerinnen und Schüler jedoch angeben, dass sie Deutsch in der Schule der Heimat gelernt haben, bei der Frage *Wo hast du Deutsch gelernt?* nennen sie das Heimatland allerdings nicht. Vereinzelt sollte deshalb in Betracht gezogen werden, dass das Item missverstanden wurde, evtl. dadurch, dass das Attribut *in der Heimat* bei der offenen Fragestellung *Ich habe in der Schule diese Sprache(n) neu gelernt* nicht noch einmal wiederholt wurde. Möglicherweise wurde hier nicht der Zusammenhang zu den vorhergehenden Fragen, die sich alle auf den Schulbesuch in der Heimat bezogen haben, hergestellt, sondern einzelne Schülerinnen und Schüler haben hier unter *Schule* auch die schulische Bildung in Deutschland verstanden.

Tabelle 8: In der Schule der Heimat neu gelernte Sprachen (Die Angaben basieren auf n = 305. Aufgrund von Mehrfachnennungen ist die Summe der Angaben > 305.)

	Prozentualer Anteil	Absoluter Anteil
Englisch	71%	263
andere Sprachen	29%	108

Alphabetisierung

Rund sechs Prozent der Schülerinnen und Schüler geben an, dass sie erst in Deutschland, d.h. weder in ihrer Heimat noch in einem anderen Land, lesen gelernt haben, ebenso viele Prozent treffen diese Aussage für das Schreiben. In diesen Fällen fand die Alphabetisierung demnach vermutlich mit Unterstützung der Berufsschule bzw. des kooperierenden Sprachkursträgers, in einem davon unabhängigen sprachlichen Unterstützungsangebot oder durch selbstständige Aneignung ohne externe Unterstützung statt. Aus persönlichen Gesprächen und den Diskussionen in Schulverbundtreffen ist bekannt, dass manche Schulen vorhandene Lese- und Schreibkompetenzen zum Aufnahmekriterium an ihrer Schule gemacht haben. Diese Studie sagt also nichts darüber aus, wie viele aller neu zugewanderten Jugendlichen und jungen Erwachsenen in Bayern nicht alphabetisiert sind, sondern es kann auch hier nur eine Aussage in Bezug auf die Personen gemacht werden, die ein schulisches Angebot wahrnehmen dürfen. Es drängt sich die Hypothese auf, dass in der Gesamtgruppe der Anteil an Menschen ohne jegliche Lese- und Schreibkompetenz bedeutend größer ist.

Tabelle 9: Analphabetismus bei Ankunft in Deutschland (n_{lesen} = 498, $n_{schreiben}$ = 490)

	Prozentualer Anteil an Schülerinnen und Schüler, die…	Absolute Anzahl an Schülerinnen und Schüler, die…
…ohne jegliche Lesekompetenz nach Deutschland kamen:	5,8%	29
… ohne jegliche Schreibkompetenz nach Deutschland kamen:	6,1%	30

Gelingt am Ende der zweijährigen Beschulungszeit der angestrebte Übergang in eine Berufsausbildung oder ein Arbeitsverhältnis, so zeigt sich hier exemplarisch, welche enorme Leistung sowohl von den Lernenden als auch den Pädagoginnen und Pädagogen erbracht wurde: 30 zu Beginn nicht alphabetisierte Schülerinnen und Schüler bzw. (eine hier nicht quantifizierbare Anzahl an) Zweitschriftlernende haben ggf. vor der Aufnahme einer Ausbildung bzw. eines Arbeitsverhältnisses die deutsche Sprache nicht nur innerhalb kürzester Zeit sprechen und verstehen gelernt, sondern auch den Zugang zu einem (neuen) Schriftsystem gefunden.

Sprachlernwünsche

Bei der Frage nach den eigenen Sprachlernwünschen der Schülerinnen und Schüler geben gut 70 Prozent der Befragten an (378 Personen), sie möchten in Zukunft gerne noch eine oder mehrere weitere Sprachen erlernen. Dieses Ergebnis ist insofern bemerkenswert, als dass sich die Schülerinnen und Schüler aktuell intensiv mit der deutschen Sprache auseinandersetzen müssen, man dadurch also eine Sprachlernbedarfssättigung hätte in Betracht ziehen können.

Die Sprachlernwünsche fallen bei der hier untersuchten Zielgruppe ähnlich umfangreich aus wie in Regelklassen: Ahrenholz & Maak (2013, S. 68) geben für die Schülerinnen und Schüler an weiterführenden Schulen in Erfurt an, dass 65,8 Prozent eine oder mehrere neue Sprachen lernen wollen. Gleichzeitig ist die Diversität der Sprachlernwünsche relativ gering, so wie es auch die Thüringer Forschergruppe für die Sekundarstufe im Vergleich zu den ihnen vorliegenden Grundschuldaten festhält (Ahrenholz & Maak 2013, S. 5). Für die bayerischen Berufsschulklassen mit neu zugewanderten Jugendlichen und jungen Erwachsenen ergibt sich insgesamt folgendes Bild: Die meisten Nennungen entfallen auf die vier vorgegebenen Antwortmöglichkeiten Englisch, Französisch, Spanisch und Arabisch. Im offenen Antwortfeld wurden elf weitere Sprachen eingetragen, Italienisch und Türkisch mit elf bzw. zehn Nennungen am häufigsten.

Abbildung 9: Sprachlernwünsche in Bezug auf Arabisch, Englisch, Französisch und Spanisch (Die Angaben basieren auf n = 354. Aufgrund von Mehrfachnennungen ist die Summe der Angaben > 354.)

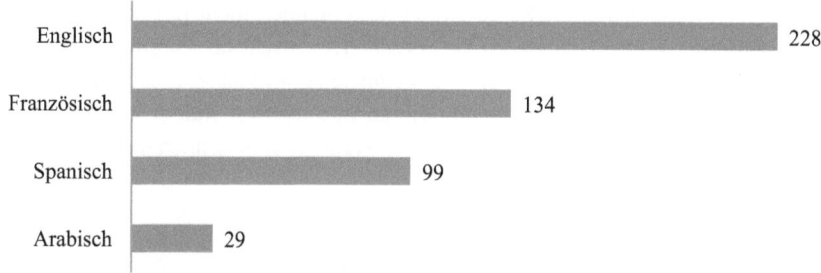

Abbildung 10: Weitere Sprachlernwünsche (Die Angaben basieren auf n = 49. Aufgrund von Mehrfachnennungen ist die Summe der Angaben > 49.)

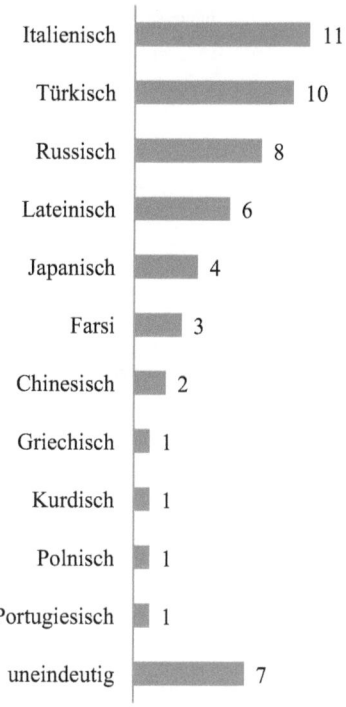

Viele Schülerinnen und Schüler benennen Englisch als Wunschsprache, „häufig begleitet von der verbalen Erklärung, es handle sich hierbei um eine wichtige

Sprache" (Decker & Schnitzer 2012, S. 107). Diese Beobachtung von Decker & Schnitzer in den Grundschulen Freiburgs lässt sich auf die untersuchte bayerische Berufsschulsituation übertragen. Abgesehen vom Faktor *wichtige Sprache* bzw. *Weltsprache* geben die Schülerinnen und Schüler, nicht nur mit Blick auf das Englische, weitere Gründe für die Sprachlernwünsche an. Emotional geleitete Begründungen wie *Gefallen*, *Spaß* oder *Interesse* sind dabei besonders häufig zu finden. Darüber hinaus wird auch rational argumentiert, indem Sprachkenntnisse die eigenen Zukunftsvoraussetzungen verbessern oder auch das Reisen erleichtern.

Abbildung 11: Gründe für Sprachlernwünsche (Die Angaben basieren auf n = 298. Aufgrund von Mehrfachnennungen ist die Summe der Angaben > 298.)

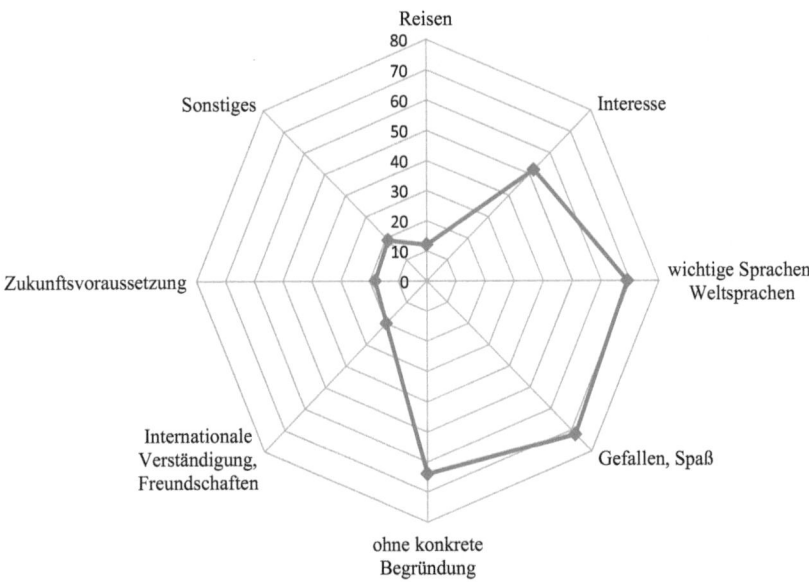

In der Kategorie Sonstiges wurden 19 Gründe zusammengefasst, die nur vereinzelt genannt wurden, wie z.B. *weil ich Mangas und Animes mag* oder *weil ich in deuschland wohne hier benutz auch viel englisch dashalb muss ich lernen*.

Erklärungen wie *ich habe viel vergessen* oder *weil ich früher gehabt* zeigen, dass die Schülerinnen und Schüler nicht nur für sie gänzlich neue Sprachen angeben, sondern auch solche, in denen sie bereits Grundkenntnisse haben bzw. hatten, welche sie gerne auffrischen und vertiefen möchten.

c. Spracherwerb Deutsch

Dauer des Spracherwerbs Deutsch

Im Abschnitt zur Situation an den Bayerischen Berufsschulen wurde beschrieben, dass die speziellen Klassen für neu zugewanderte Jugendliche und junge Erwachsene an Bayerns Berufsschulen grundsätzlich auf zwei Schuljahre angelegt sind. Die Befragung fand im Frühjahr des zweiten Beschulungsjahres statt und zog sich über drei Monate hin. In der Regel sollten die Schülerinnen und Schüler zu diesem Zeitpunkt die Berufsschule also bereits 18 bis 21 Monate besucht haben. Ausnahmen sind selbstverständlich denkbar. So kann sich eine längere Schulzeit beispielsweise durch das Wiederholen des ersten Schuljahres ergeben, ein kürzerer Aufenthalt, wenn Schülerinnen und Schüler im laufenden Schuljahr in die Klasse integriert werden. Für die Mehrheit waren bei der Frage nach der Dauer des Spracherwerbs Deutsch 18 Monate oder mehr erwartet worden.

Abbildung 12: Dauer des Spracherwerbs Deutsch (n = 526)

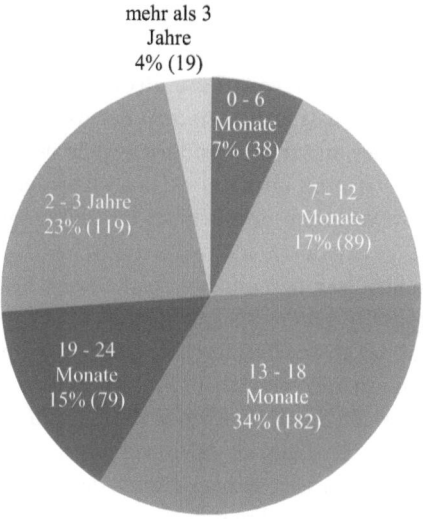

Abbildung 12 zeigt, dass diese Erwartung in 76 Prozent der Fälle erfüllt wird. Interessant wären genauere Nachfragen bei den vier Prozent der Schülerinnen und Schüler, die angeben, bereits länger als drei Jahre Deutsch zu lernen. Für die Zeit vor der Berufsschule kommen hier beispielsweise die Teilnahme an einem Sprachkurs, eigenständiges Lernen oder der Besuch einer Übergangsklasse an der Mittelschule als Deutschlernkontext in Frage. Es wäre wissenswert, inwiefern die sprachlichen Kompetenzen mit denjenigen von Schülerinnen und Schülern mit eineinhalb Jahren Lernerfahrung oder weniger vergleichbar sind und inwiefern sich die Sprachlernbiografien ggf. gleichen oder unterscheiden.

24 Prozent der Schülerinnen und Schüler machen die Aussagen, dass sie 12 Monate oder kürzer Deutsch lernen. Bereits angedeutet wurde die Option, dass sie nicht gleich zu Beginn des ersten Beschulungsjahres in die Klasse aufgenommen wurden, sondern später dazukamen. Nichtsdestotrotz sollte die Möglichkeit in Erwägung gezogen werden, dass die Frage für manche Schülerinnen und Schüler aufgrund der komplexen Zeitangaben nicht fehlerfrei zu beantworten war, wie zuvor im Abschnitt zur Aufenthaltsdauer in Deutschland auch bereits angesprochen.

Hilfestellungen

Die Schülerinnen und Schüler wurden danach gefragt, was sie beim Deutschlernen unterstützt. Dazu konnten sie 13 potentielle Hilfestellungen in einer dreistufigen Skala anhand von *sehr, ein bisschen* und *nicht* bewerten. Danach folgte das Item *Beim Deutschlernen hilft mir auch* mit einem Freifeld für offene Antworten. In Abbildung 13 zeigt sich, dass die Berufsschule eindeutig als größte Hilfestellung empfunden wird. Es sei an dieser Stelle angemerkt, dass bei den Antwortvorgaben bewusst nicht zwischen Berufsschule und dem externen Kooperationspartner, der an vielen Standorten Teile des Unterrichts und die sozialpädagogische Betreuung übernimmt, unterschieden wurde. Zum einen werden nicht alle Schülerinnen und Schüler in einem solchen kooperativen Modell unterrichtet, es existieren auch vollschulische Modelle. Zum anderen scheint es unter den Schülerinnen und Schüler keine einheitliche Bezeichnung für den externen Träger zu geben. Manche nennen ihn beim Namen, indem sie erwähnen, dass sie außer an der Berufsschule auch bei Kolping o.Ä. Unterricht haben. Andere fassen ihn auch einfach als Teil der Berufsschule auf, insbesondere wenn der Unterricht des Kooperationspartners in den Räumlichkeiten der Schule stattfindet. In der Folge ist davon auszugehen, dass bei der Antwort Berufsschule der externe Partner teilweise mitgedacht wurde, teilweise nicht. Rund 86 Prozent geben an, dass ihnen die Berufsschule sehr hilft, gut 12 Prozent wählen die Antwort *ein bisschen* und nur 1,7 Prozent, d.h. neun Schülerinnen und Schüler, kreuzen an, dass sie die Berufsschule beim Deutschlernen nicht weiterbringt. Interessant wäre, hier genauer in Erfahrung zu bringen, weshalb die Berufsschule als wenig unterstützend empfunden wird. Erste Hinweise geben die Kommentare dieser Schülerinnen und Schüler am Ende des

Fragebogens wie *Was ich wichtig finde das die verschiedene Niveaus nicht zusammen sein dürfen, denn das war mein einziges Problem.*

Besonders selten wirkt die Familie der Schülerinnen und Schüler als Hilfestellung beim Deutschlernen. Bedenkt man, dass 60 Prozent der Lernenden alleine in Deutschland sind, überrascht dieses Ergebnis wenig. Hilfestellungen, z.B. finanzielle Unterstützung oder emotionaler Zuspruch, sind zwar selbstverständlich ebenfalls über eine geografische Distanz denkbar, scheinen aber weniger wahrscheinlich. Aufschlussreich wäre an dieser Stelle die Nachfrage an die 66 Schülerinnen und Schüler, welche die Familie als sehr unterstützend empfinden, worin die Hilfestellung in ihren Fällen besteht. Es wäre wissenswert, inwiefern Eltern, Geschwister etc. aufgrund eigener Sprachkompetenzen in Deutsch helfend zur Seite stehen können oder ob es sich mehr um eine materielle oder mentale Unterstützung handelt, indem die Familie beispielsweise motiviert.

Abbildung 13: Hilfestellungen beim Deutschlernen

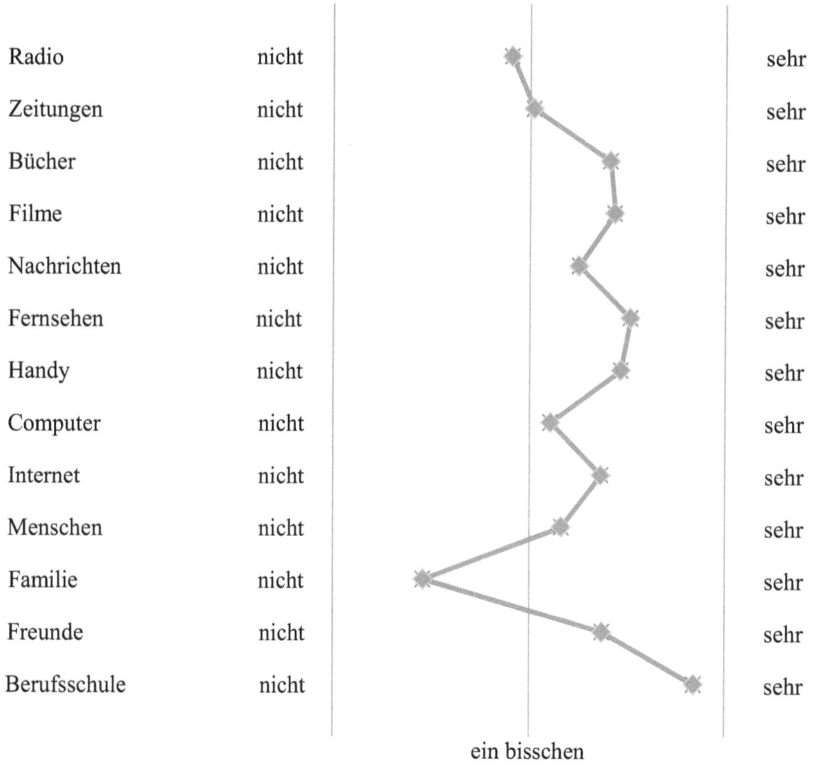

Radio	nicht		sehr
Zeitungen	nicht		sehr
Bücher	nicht		sehr
Filme	nicht		sehr
Nachrichten	nicht		sehr
Fernsehen	nicht		sehr
Handy	nicht		sehr
Computer	nicht		sehr
Internet	nicht		sehr
Menschen	nicht		sehr
Familie	nicht		sehr
Freunde	nicht		sehr
Berufsschule	nicht		sehr

ein bisschen

An Hilfestellungen durch Institutionen oder Personen konnten neben der Berufsschule und der Familie noch *Freunde* und *Menschen, die ich treffe* bewertet werden. Beides wird als Unterstützung beim Spracherwerb Deutsch empfunden, wobei Freundschaften noch etwas besser abschneiden als Menschen, die den Schülerinnen und Schülern beispielsweise beim Sport oder beim Einkaufen begegnen. Die Daten sagen nichts Genaueres darüber aus, ob es sich bei den Freundinnen und Freunde um Menschen mit Muttersprache Deutsch, fortgeschrittene Deutsch als Zweitsprache-Lerner oder Deutsch als Zweitsprache-Anfängerinnen handelt, deren Hilfe dann z.b. weniger in einer direkten sprachlichen Unterstützung als vielmehr z.b. in Informationen bzgl. deutschsprachiger Lernangebote o.Ä. bestehen könnte. 84 Prozent der Befragten geben an, dass ihnen Menschen, die sie treffen, beim Erlernen der deutschen Sprache helfen. 78 Schülerinnen und Schüler sind hingegen der Meinung, dass diese Hilfestellung bei ihnen nicht gegeben ist. Diesbezüglich wäre zu klären, weshalb manche Schülerinnen und Schüler aus alltäglichen Situationen positive Effekte für ihren Deutschspracherwerb ziehen und manche nicht.

Ein Teil der zu bewertenden Hilfestellungen bezog sich auf elektronische bzw. analoge Lernquellen. Das Radio als Hilfestellung schneidet verhältnismäßig schlecht ab, aber selbst hier sagen noch knapp 66 Prozent der Schülerinnen und Schüler, die das Item beantwortet haben, dass er ein bisschen oder sehr hilfreich ist. In Sachen Medien fühlen sich die Befragten insbesondere vom Handy, dem Fernsehen und Büchern unterstützt. Bei Letzterem ist nichts Genaueres über die Inhalte bekannt, es können Lehr- und Wörterbücher genauso gemeint sein wie Romane oder jegliche anderen Bücherformate. 92 Prozent der Schülerinnen und Schüler sagen aus, dass ihnen das Handy beim Deutschlernen ein bisschen oder sehr hilft. Es ist folglich davon auszugehen, dass sie in der Regel über ein eigenes Handy verfügen oder zumindest Zugang zu einem Gerät haben. Damit können einerseits gesellschaftlich und medial dauerhaft reproduzierte Vorurteile über die „digital refugees", für die das Mobiltelefon „das wichtigste Medium" (Habekuß & Schmitt 2015) sei, mit empirisch belastbaren Zahlen hinterlegt werden – zumindest was die hier untersuchte Zielgruppe in Bezug auf den Spracherwerb Deutsch betrifft. Es zeigt sich deutlich, dass das Mobiltelefon eine wichtige Brücke für die sprachliche Integration in Deutschland ist.

Gut 90 Prozent geben an, dass ihnen das Internet beim Erlernen der deutschen Sprache hilft. Inwiefern sie darauf mobil über das Handy oder über den PC bzw. andere internetfähige Endgeräte zugreifen, kann aus den Daten der Befragung nicht abgelesen werden. Die Schwierigkeiten der Schülerinnen und Schüler im ersten Beschulungsjahr bei der Bearbeitung des Fragebogens am PC (s. den Abschnitt zum Pretest und die Methodendiskussion) weisen jedoch darauf hin, dass der Zielgruppe der Internetzugang über mobile Endgeräte tendenziell vertrauter als ein Online-Zugang über einen Computer ist, zumindest in den ersten Monaten ihres Deutschlandaufenthalts.

Als Textsorten im weitesten Sinne sollten Nachrichten und Filme bewertet werden. Letztere schneiden ausgesprochen gut ab, indem knapp 93 Prozent der Befragten angeben, dass ihnen Filme sehr oder ein bisschen helfen. Gut 85 Prozent bewerten Nachrichten positiv. Das ist insofern interessant, als dass hier deutlich wird, dass neueste Informationen über das Weltgeschehen nicht nur über muttersprachliche Formate, sondern auch in der Sprache Deutsch rezipiert werden.

Insgesamt zeigt sich, dass die Berufsschule am häufigsten als Hilfestellung für den Deutschspracherwerb empfunden wird und die Familie am seltensten. Alle anderen erfragten Unterstützungen liegen mit tendenziell positiver bis sehr positiver Bewertung zwischen diesen beiden Polen.

Das Freifeld nach dem Item *Beim Deutschlernen hilft mir auch* wurde von insgesamt 189 Schülerinnen und Schülern genutzt und dabei inhaltlich ganz unterschiedlich gefüllt, sodass hier eine quantifizierende Zusammenfassung nur bedingt möglich ist. Am öftesten genannt wurde das Praktikum/die Arbeit mit 32 Nennungen. Die Schülerinnen und Schüler schreiben hier z.B.: *mein praktikum platz, Beim arbeit* oder *Praktikum zu machen*. Über 15 Nennungen entfallen darüber hinaus auf Nachhilfe (19) und den Betreuer bzw. die Betreuerin (18). Mit Letzteren ist aller höchstwahrscheinlich das Betreuungspersonal in Einrichtungen für unbegleitete Minderjährige gemeint. Bei der Nachhilfe wird es sich vermutlich um ehrenamtliches Engagement handeln.

Dass 349 Schülerinnen und Schüler das Freifeld nicht ausgefüllt haben, kann zum einen so interpretiert werden, dass mit den zuvor zu bewertenden Hilfestellungen alle für die Schülerinnen und Schüler wichtigen Aspekte abgedeckt waren. Alternativ wäre auch die Interpretation denkbar, dass es für die Befragten nicht einfach ist, (ad hoc) Hilfestellungen für den eigenen Spracherwerb zu reflektieren und zu dokumentieren. Unter Umständen ergaben sich bisher kaum Gelegenheiten, um sich klar zu machen und zu artikulieren, was beim Erlernen der deutschen Sprache als unterstützend empfunden wird. Es muss jedoch hinzugefügt werden, dass die spätere Frage *Wo hast du Deutsch gelernt?* weit ausgelegt wird, indem hier nicht nur Orte, sondern auch Umstände genannt werden, hier also weitere Hilfestellungen zur Sprache kommen. Näheres dazu im Abschnitt „Lernort Deutsch".

Zertifikat

Bei der Frage *Hast du ein Deutschzertifikat?* gibt ein gutes Drittel der Schülerinnen und Schüler an, in der Vergangenheit ein Deutschzertifikat gemacht zu haben. Diese insgesamt 192 Personen wurden daraufhin danach gefragt, um welches Zertifikat es sich dabei handelt. Aus der Antworten wird ersichtlich, dass der Begriff des Zertifikats wahrscheinlich zu wenig klar umrissen war, die Schülerinnen und Schüler nennen hier diverse Zeugnisse oder auch einfach das Absolvieren des ersten Schuljahres an der Berufsschule. Letztlich kann bei 31 der Jugendlichen und jungen Erwachsenen davon ausgegangen werden, dass sie tatsächlich ein Zertifikat in den Händen halten, da sie es mit Namen wie *Deutschtest für Zuwanderer (dtz)* oder etwas ungenauer mit *telc* oder *Goethe* betiteln können. Da der dtz ein gemeinsames Produkt des Goethe-Instituts und von telc ist, wird vermutet, dass es sich bei allen 31 Nennungen um den dtz handelt. Es wird an dieser Stelle deutlich, dass das in anderen Bundesländern verbreitete Deutsche Sprachdiplom[41] in Bayern bei dieser Zielgruppe keine Rolle spielt.

Abbildung 14: Deutschzertifikate (n = 538)

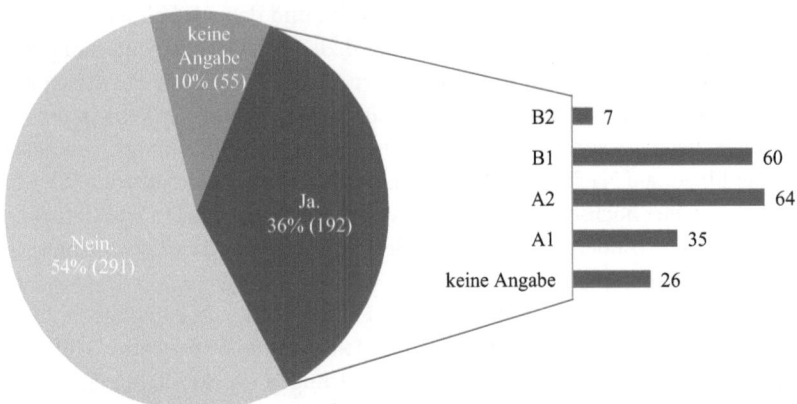

Ein genauerer Blick auf die 31 Schülerinnen und Schüler, bei denen aufgrund der Fragebogenantworten davon ausgegangen wird, dass sie den dtz absolviert haben, zeigt, dass sich das Zertifikatsaufkommen an einigen Schulen ballt. Den Extremfall bildet eine Schule, von der sieben Schülerinnen und Schüler an der Befragung teilgenommen haben, wovon sechs antworten, dass sie ein telc-Zertifikat besitzen. Hier wäre wissenswert, ob die Schule die Teilnahme an Sprachprüfungen aktiv unterstützt und ggf. sogar gezielt darauf vorbereitet oder ob ein vorhandenes

---

41 S. für Niedersachsen beispielsweise die Arbeit eines Verbunds von berufsbildenden Schulen im Rahmen des Bund-Länder-Projektes BiSS: http://www.biss-sprachbildung.de/biss.html?seite=35&bundesland=Niedersachsen&Id=106 [04.12.2015].

Sprachzertifikat Voraussetzung für einen Schulplatz ist oder ob es andere Gründe für diese Zertifikatshäufung gibt.

Die 192 Schülerinnen und Schüler, die angaben, ein Zertifikat gemacht zu haben, wurden abgesehen vom Namen des Zertifikats auch nach dessen sprachlichem Niveau gefragt. Als Antwortmöglichkeiten standen *A1, A2, B1, B2* und *Ich weiß nicht* zur Verfügung. Etwa ein Drittel gab jeweils das Niveau A2 bzw. B1 an, 18 Prozent wählten A1 und nur sieben Schülerinnen und Schüler und damit 4 Prozent das Niveau B2. 14 Prozent konnten keine Aussage über das Sprachniveau ihres Zertifikats treffen. Die häufigen Angaben von A2 und B1 ergeben zusammen mit der Nennung des dtz, einem skalierten Test auf ebendiesen Niveaustufen, ein schlüssiges Bild.

Wichtig zu erwähnen ist an dieser Stelle, dass ein nicht vorhandenes Zertifikat nicht bedeutet, dass ein bestimmtes Sprachniveau nicht erreicht werden konnte; vielmehr ist zu vermuten, dass die meisten Schülerinnen und Schüler im Laufe der zwei Jahre keine offizielle Sprachprüfung ablegen. Nach Auskunft einer betreuenden Sozialpädagogin kommt eine Teilnahme an einer offiziellen Sprachprüfung nur bei den Schülerinnen und Schülern in Frage, welche zeitweise für einen externen (BAMF-)Sprachkurs befreit sind und in diesem Zusammenhang ein Zertifikat erwerben können. Im Rahmen der sprachlichen Qualifizierung an einer Berufsschule bescheinigt das Berufsschulzeugnis den Sprachstand im Deutschen. Diese gängige Praxis wäre zu diskutieren. Es ist zu vermuten, dass die Einschätzungen des Sprachstandes nicht immer auf objektiven Kriterien beruhen, sondern unter Umständen auf subjektiven Eindrücken von Lehrkräften, die zudem nicht immer über eine Qualifizierung in Deutsch als Zweitsprache verfügen. „Für Abbrecher_innen würde sich hier [außerdem] die Zertifizierung von Sprachkenntnissen anbieten, um ihre Voraussetzungen für die Erlangung des Bleiberechts zu verbessern" (Terrasi-Haufe & Baumann, im Druck). Inwiefern Betriebe und Unternehmen offizielle und vergleichbare Sprachzeugnisse wertschätzen, gilt es zu erforschen.

Lernort Deutsch

Die Lernorte für die deutsche Sprache wurden mittels der offenen Frage *Wo hast du Deutsch gelernt?* abgefragt. Umso interessanter ist das Ergebnis, dass sich alle Antworten im Wesentlichen auf nur sechs Kategorien reduzieren lassen plus eine Kategorie Sonstiges, die allerdings quantitativ keine allzu große Rolle spielt und Aussagen wie *Wörterbuch* oder *auf Internet* enthält. 59 Prozent der insgesamt 605 Nennungen entfielen auf die Berufsschule und/oder den kooperierenden Sprachkursträger. Die Schule ist damit aus Sicht der Schülerinnen und Schüler unangefochten der wichtigste Lernort. 64 Befragte gaben an, in einer Sprachschule gewesen zu sein bzw. einen Deutschkurs besucht zu haben, was somit elf Prozent der Nennungen ausmacht. Es ist jedoch nicht auszuschließend, dass sich hinter Aussagen wie *in einem deutsch kurss und berufssule* neben der Berufsschule kein externer Deutschkurs verbirgt, sondern der DaZ-Unterricht beim Kooperationspartner der Schule, wie z.B. Kolping, gemeint ist. Einige wenige Nennungen entfallen auf die Kategorien *selbstständig* und *im Alltag*. Ein Beispiel für ersteres ist die Aussage *selber*, für letzteres *in Kontakt mit deutschen Leuten*.

Abbildung 15: Lernorte für das Deutsche (Die Angaben basieren auf n = 503. Aufgrund von Mehrfachnennungen ist die Summe der Angaben > 503.)

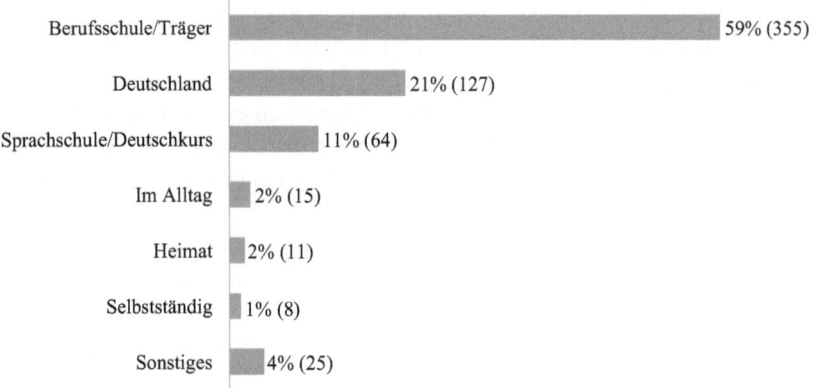

Für neu zugewanderte Jugendliche und junge Erwachsene an Bayerns Berufsschulen lässt sich insgesamt sagen, dass sie die deutsche Sprache in Deutschland erworben haben. Das Herkunftsland spielt als Lernort für das Deutsche im Vorfeld der Migration kaum eine Rolle. Nur zwei Prozent, d.h. elf Lernortnennungen entfallen auf die Heimat.

127 Schülerinnen und Schüler haben (u.a.) *Deutschland* als Antwort formuliert und sind mit ihrer Aussage somit wenig ins Detail gegangen. Bei Interesse an konkreteren Angaben müsste die Frage künftig präziser gestellt werden.

d. Bildungsbiografie

Schuljahre im Heimatland

Für den raschen Zugang von Zuwanderern in das deutsche Bildungssystem bzw. den Arbeitsmarkt ist es unumgänglich, ihre vorhandenen Befähigungen zu nutzen und bei der Weiterqualifizierung an diesen anzusetzen. Bildung und Ausbildung sind dynamische und synergetische Prozesse, da neu zu lernende Inhalte immer an bereits vorhandenem Vorwissen ansetzen. Jüngere Studien zur Lehr-Lern-Forschung heben das Vorwissen der Schülerinnen und Schüler als den entscheidenden Prädiktor für ihren Lernerfolg heraus (Artelt & Wirth 2014, S. 185). Das heißt, dass Lernen auf einer Bildungsstufe umso effektiver erfolgt, je mehr auf der davor durchlaufenen Stufe gelernt wurde und je mehr anschlussfähiges Grundlagenwissen vorhanden ist. Fehlen aber Grundlagen, kann dies erfolgreiche Bildungsprozesse auf einer nachfolgenden Stufe trotz großen Aufwandes verhindern. Vor diesem Hintergrund stellt sich die Frage, wie die schulische Bildungsbiografie der Befragten vor ihrer Zeit in Deutschland aussah.

469 Schülerinnen und Schüler beantworteten im Abschnitt *Dein Schulbesuch* die Frage, ob sie in der Heimat eine Schule besucht haben, positiv, so dass weitere Fragen im Themenkomplex folgten, darunter auch ein Item zur Länge des Schulbesuchs. 449 machten hierzu eine Aussage.

Abbildung 16: Schuljahre in der Heimat (n = 508) (Die Prozentangaben sind gerundet. Deshalb weichen sie in der Summe geringfügig von 100 ab.)

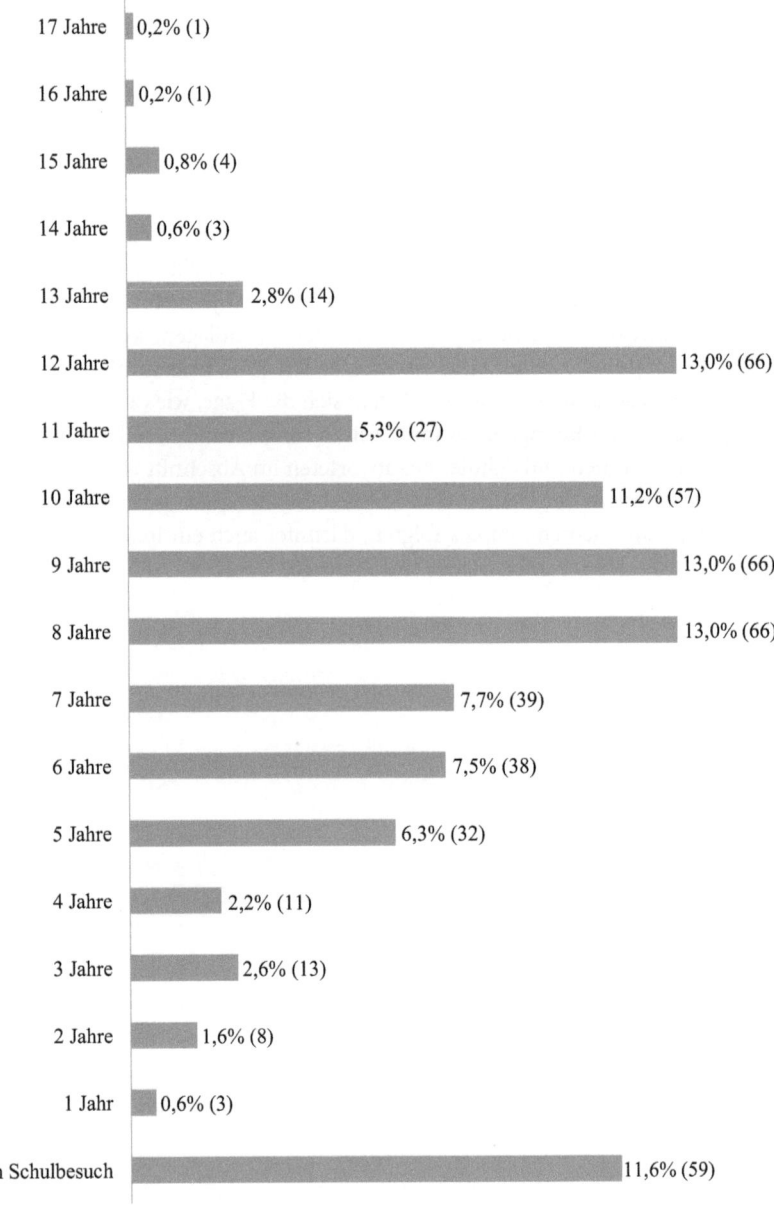

Ungefähr die Hälfte der Schülerinnen und Schüler war in der Heimat neun Jahre oder mehr in der Schule. Die Ergebnisse zeigen damit in eine ähnliche Richtung wie eine Studie des BAMF (2016b). Über curriculare Inhalte etc. kann an dieser Stelle keine Aussage gemacht werden, weshalb ein Vergleich mit deutschen Schulverhältnissen problematisch wäre. Genauso wenig liegen Kenntnisse darüber vor, wie erfolgreich die einzelnen Schülerinnen und Schüler in der Schule der Heimat waren. Es lässt sich aber sagen, dass ein Großteil der Schülerinnen und Schüler schulische Erfahrungen nach Deutschland mitbringt, d.h. institutionalisierte Lernsituationen gewohnt ist. Auffällig ist, dass über die Hälfte der Schülerinnen und Schüler auf acht bis zwölf Jahren Schulerfahrung zurückblickt, die Befragten damit vermutlich deutlich mehr als eine Grundbildung erfahren haben. Die Spannbreite an angegebenen Schuljahren ist extrem: Sie reicht von 59 Schülerinnen und Schülern ohne jegliche schulische Erfahrung bis hin zu einzelnen jungen Erwachsenen mit bis zu 17 Jahren an schulischer Vorbildung. Abbildung 19 zeigt, dass die höchsten Zahlwerte aufgrund der Tatsache zustande kommen, dass einzelne Schülerinnen und Schüler in der Heimat bereits die Universität besucht haben. Die beiden Schülerinnen und Schüler mit 16 bzw. 17 Jahren Schulerfahrung schreiben am Ende des Fragebogens folgenden Kommentar bzw. stellen folgende Nachfrage:

Wie kann man in Deutschland studiert

There should a Programm and oppartunity for Students, Whom want to further study in thier professional field. the only Problem faced during our language learning is the time to get the C1 certificate. weil it is the requirement of German universities to apply for study in University. for a Person who is new in German language, it is very difficult to get C1 in short time and with refugee backround. Thanks [Name]

Die Schulen und Lehrkräfte der Berufsintegrationsklassen sehen sich demnach mit der Situation konfrontiert, dass eine kleine Anzahl an Schülerinnen und Schülern das klare Ziel vor Augen hat, möglichst schnell an die hochschulische Bildung aus der Heimat anzuknüpfen und dafür entsprechend qualifiziert werden wollen. Anderen fehlt jegliche schulische Sozialisation und wie Tabelle 9 gezeigt hat teilweise auch grundlegendes sprachliches Handwerkszeug wie der Umgang mit einem Schriftsystem. Der Großteil der Schülerinnen und Schüler befindet sich jedoch zwischen diesen Extrempunkten. Wenn man annimmt, dass der Eintritt in die Schule auch in den Heimatländern der Jugendlichen und jungen Erwachsenen mit etwa sechs Jahren erfolgt, die bayerischen Integrationsklassen von Menschen zwischen in der Regel 16 und 21 Jahren besucht werden, dann lässt sich die Hypothese aufstellen, dass die meisten wohl so lange die Schule besucht haben, bis sie die Migration aus dem heimatlichen schulischen Umfeld gerissen hat. Im Falle dieser Schülerinnen und Schüler ist von acht bis zehn Jahren oder mehr an Schulerfahrung auszugehen. Über die Angaben zum Schulbesuch, die darunter liegen, lassen sich verschiedene Vermutungen anstellen: Eventuell ist der Schuleintritt in der Heimat nach dem sechsten Lebensjahr erfolgt, die Schule wurde nach der angegebenen Schulzeit beendet oder aber die Ursachen sind in den Migrationsumständen zu finden: Im Falle von Fluchtmigration kann alleine der Weg bis nach Deutschland mehrere Monate oder Jahre in Anspruch genommen haben.[42] Hinzukommen können Verzögerungen aufgrund von Wartezeiten auf einen Schulplatz nach Ankunft in Deutschland.

Es deutet in jedem Fall einiges darauf hin, dass bei sehr vielen Schülerinnen und Schüler eine institutionalisierte Bildungsvergangenheit vorliegt, an die angeknüpft werden kann, was nach der Ankunft in Deutschland möglichst schnell geschehen sollte. „Ziel ist es, die im Schulsystem ihres Herkunftslandes verbrachte Zeit zu rekonstruieren, weil dies später für die Bewertung ihrer Chancen im deutschen Schulsystem behilflich sein kann" (Seukwa 2006, S. 173). Was Seukwa mit Blick auf die von ihm untersuchte Zielgruppe afrikanischer Geflüchteter formuliert, kann auf alle neu zugewanderten Jugendlichen und jungen Erwachsenen übertragen werden und soll anhand zweier konkreter Aspekte verdeutlicht werden. Schuljahre sind mit Blick auf bildungssprachliche Kompetenz relevant, wenn man von der Übertragbarkeit erstsprachlicher auf zweitsprachliche Kompetenzen ausgeht. Decker & Schnitzer (2012, S. 103) verweisen auf die hierzu kontrovers geführte Diskussion und berichten von aktuellen Forschungsergebnissen, welche die Hypothese der Übertragbarkeit tendenziell stützen. Die in der Vergangenheit erfahrene institutionelle Bildung ist darüber hinaus auch deshalb interessant, weil bei Schülerinnen und Schülern mit Migrationshintergrund ein nicht vorhandener Schulbesuch in der Heimat als einer der Risikofaktoren für funktionalen Analphabetismus im Deutschen gilt (Schneider 2014, S. 19). Schneider (2014, S. 9) versteht unter funktionalen Analphabeten „Menschen, deren schriftsprachliche Kompetenzen unterhalb des gesellschaftlich minimal erforderlichen und als selbstverständlich vorausgesetzten Niveaus liegen". Eine Folge von funktionalem Analphabetismus ist in der Regel ein erschwerter Zugang zum Arbeitsmarkt. An

---

42 Eine medizinische Forschergruppe der Technischen Universität München hat 2015 den gesundheitlichen Zustand von und 100 syrischen Kindern und Jugendlichen in einer Erstaufnahmeeinrichtung untersucht. Eines der Ergebnisse ist, dass 60 Prozent der Untersuchten länger als zehn Monate auf der Flucht waren. https://www.tum.de/die-tum/aktuelles/pressemitteilungen/kurz/article/32590/ [14.01.2016].

dieser Stelle zeigt sich ganz deutlich, in welchem Zusammenhang sprachliche Förderung und berufliche Integration von neu zugewanderten Jugendlichen und jungen Erwachsenen stehen.

Die hier vorgestellten Ergebnisse decken sich mit denen einer Befragung von 19.570 Teilnehmenden der Projekte des XENOS-Bundesprogramms zur arbeitsmarktlichen Unterstützung für Bleibeberechtigte und Flüchtlinge mit Zugang zum Arbeitsmarkt II (ESF-Sonderprogramm Bleiberecht). Die Schulbesuchsdauer der Teilnehmenden aus dem ESF-Sonderprogramm ist mit der von neu zugewanderten Jugendlichen und jungen Erwachsenen an Bayerns Berufsschulen vergleichbar. Bei der Interpretation der Zahlen in Mirbach et al. (2014) ist lediglich zu beachten, dass in Deutschland absolvierte Schuljahre inkludiert sind. Im Zwischenbericht von Mirbach et al. zeigt sich, dass die „große Mehrheit der Teilnehmenden (87,6 %) [...] eine Schule besucht [hat] – dies gilt für 88,6 % der Männer und 86 % der Frauen" (Mirbach et al. 2014, S. 23). Im Vergleich: 88,4 Prozent befragten Schülerinnen und Schüler an den Berufsschulen in Bayern hatten in der Heimat zuvor eine Schule besucht – diese Zahlen decken sich demnach nahezu.

Die Feststellung von Mirbach et al. (2014) hinsichtlich der bildungsbiografisch etwas schlechter gestellten Frauen im Vergleich zu den befragten Männern stützen aktuelle Ergebnisse des BAMF. Das Bundesamt (BAMF 2016b) hält für anerkannte Flüchtlinge und Asylberechtigte aus Afghanistan, Syrien und dem Irak fest, dass die weiblichen Befragten über eine schlechtere Bildungsposition verfügen als Männer. Diese Ergebnisse stehen in Einklang mit der Tatsache, dass weltweit betrachtet Frauen weniger Bildung als Männer genießen, insbesondere in Ländern, für die ein geringerer Wert des *Human Development Index* konstatiert wird (DGVN 2014, S. 49ff.). Die Mann-Frau-Verteilung ist an Bayerns Berufsschule hingegen anders gelagert. Auffällig ist, dass mehr Frauen als Männer in der Heimat eine Schule besucht haben, nämlich 91 Prozent der weiblichen und 87 Prozent der männlichen Befragten. Ebenso bemerkenswert ist ein Blick auf die Anzahl der Schuljahre von Frauen und Männern. Die weiblichen Befragten haben in der Schule im Heimatland tendenziell mehr Jahre verbracht als ihre männlichen Mitschüler. Andere Studien kommen in Bezug auf Migrantinnen und Migranten in Deutschland zu vergleichbaren Ergebnissen (Foda & Kadur 2005).

In diesem Zusammenhang ist ein Blick auf Studienergebnisse zur Erwerbstätigkeit von Männern und Frauen interessant. Das BAMF (2016b, S. 6) berichtet, dass unter all seinen Studienteilnehmenden unabhängig von der jeweiligen ausländischen Herkunft knapp 50 Prozent der Männer in Deutschland erwerbstätig sind, aber nur 11,5 Prozent der Frauen. Als mögliche Gründe gibt das BAMF für die weniger nachhaltige berufliche Integration der Frauen an: „Dies hängt vermutlich damit zusammen, dass diese Frauen durch Kinderbetreuung gebunden sind und ihre Arbeitsmarktchancen außerdem durch fehlende Bildungsqualifikationen, einen Mangel an deutschen Sprachkenntnissen und/oder kulturspezifische Muster der Arbeitsteilung in den Familien weiter verschlechtert werden" (ebd.). Nimmt man zur Kenntnis, dass bei den in Bayern befragten Schülerinnen gegenüber den männlichen Mitschülern nicht von mangelnden Bildungsqualifikationen gesprochen werden kann und geht man davon aus, dass ihre Deutschkenntnisse nicht schlechter ausfallen als die der Männer, dann bleiben als relevante Hemmnisse für eine berufliche Integration gemäß der Argumentation des BAMF die Aufgabe der Kinderbetreuung und kulturspezifische Muster der Arbeitsteilung. Unter Umständen sollten von daher frühzeitig Unterstützungssysteme oder Mentorinnenprogramme aufgelegt werden, bei denen insbesondere weibliche Migrantinnen beim Übergang Schule – Beruf begleitet werden.

Abbildung 17: Schuljahre in der Heimat, männliche Schüler – weibliche Schülerinnen (n = 485) (Die Prozentangaben sind gerundet. Deshalb weichen sie in der Summe geringfügig von 100 ab. Auch die Balken sind aus diesem Grund teilweise unterschiedlich lang trotz identischer Prozentwertangabe.)

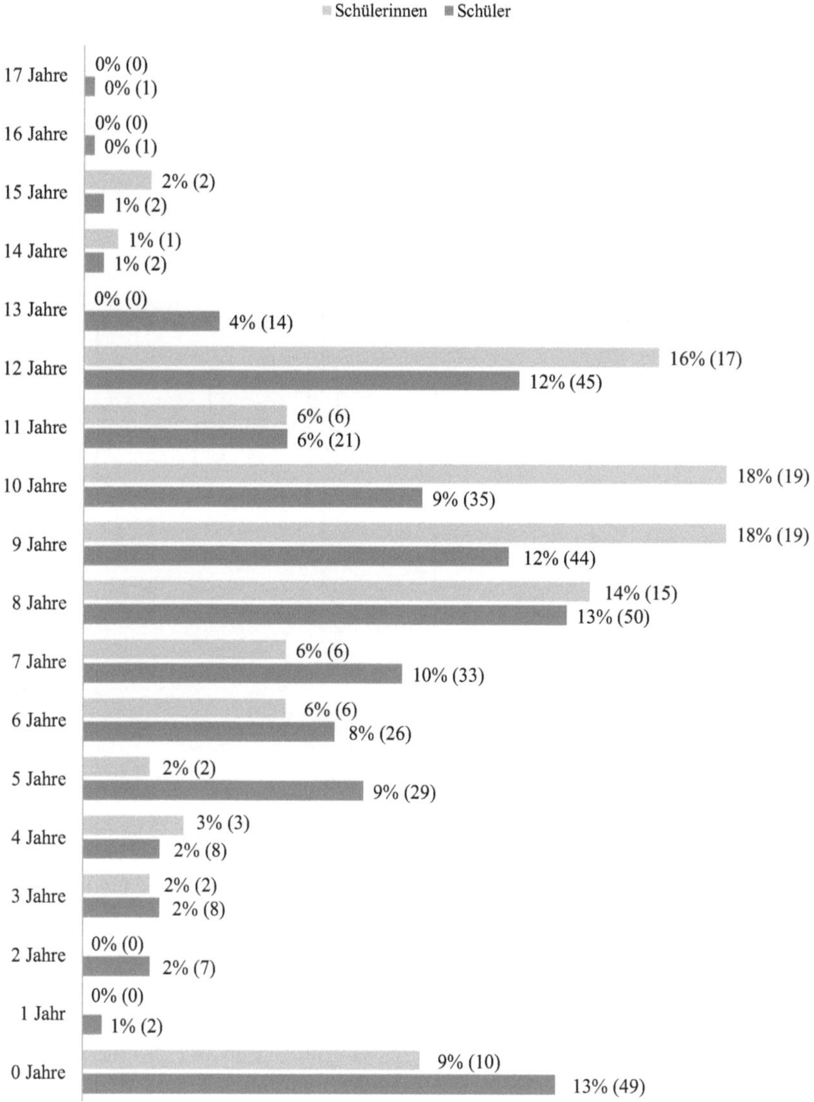

Jahre	Schülerinnen	Schüler
17 Jahre	0% (0)	0% (1)
16 Jahre	0% (0)	0% (1)
15 Jahre	2% (2)	1% (2)
14 Jahre	1% (1)	1% (2)
13 Jahre	0% (0)	4% (14)
12 Jahre	16% (17)	12% (45)
11 Jahre	6% (6)	6% (21)
10 Jahre	18% (19)	9% (35)
9 Jahre	18% (19)	12% (44)
8 Jahre	14% (15)	13% (50)
7 Jahre	6% (6)	10% (33)
6 Jahre	6% (6)	8% (26)
5 Jahre	2% (2)	9% (29)
4 Jahre	3% (3)	2% (8)
3 Jahre	2% (2)	2% (8)
2 Jahre	0% (0)	2% (7)
1 Jahr	0% (0)	1% (2)
0 Jahre	9% (10)	13% (49)

Es soll exemplarisch der Frage nachgegangen werden, ob die schulischen Vorerfahrungen der Schülerinnen und Schüler in einem Zusammenhang mit dem Heimatland stehen. Dazu wurden alle Länder ausgewertet, bei denen zumindest 20 gültige Nennungen vorliegen. Entsprechend den sechs Hauptherkunftsländern sind das Afghanistan, Somalia, Irak, Pakistan, Äthiopien und Syrien.

Abbildung 18: Schuljahre in ausgewählten Heimatländern (n = 291)

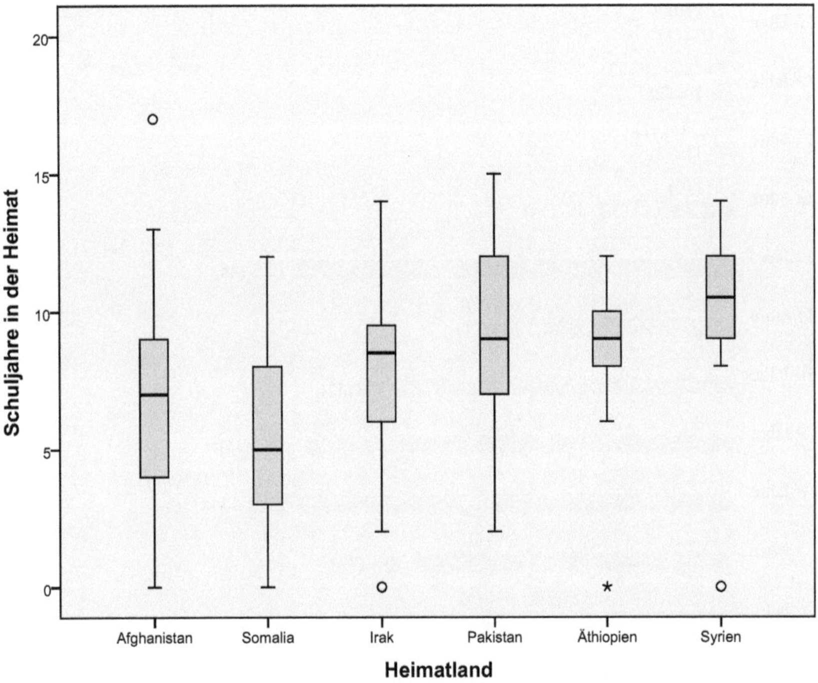

Selbst wenn man all diejenigen Schülerinnen und Schüler mit in die Auswertung nimmt, die in der Heimat gar keine Schule besucht haben, so ergeben sich für alle sechs Länder durchschnittliche Schulbesuchsdauern von mindestens fünf Jahren. Den geringsten Mittelwert weist Somalia auf (Mittelwert = 5,63), die 22 syrischen Schülerinnen und Schüler, die Auskunft gaben, waren durchschnittlich 10,05 Jahre in der Schule. Anhand der Daten lässt sich sagen, dass die Schülerinnen und Schüler tendenziell eine umfangreichere Schulbildung aufweisen als es für das jeweilige Heimatland typisch ist. Der Index der menschlichen Entwicklung gibt für Afghanistan eine durchschnittliche Schulbesuchsdauer von 3,2 Jahren an, für den Irak 5,6 Jahre, für Pakistan 4,7, für Äthiopien 2,4 und für Syrien 6,6 Jahre an (DGVN

2014, Anhang 1).[43] Bei Äthiopien ist der Unterschied besonders eklatant: Einer durchschnittlichen Schulbesuchsdauer von 2,4 Jahren für Bürgerinnen und Bürger des Landes Äthiopien steht eine durchschnittliche Schulbesuchsdauer von 8,92 Jahren unter den befragten Schülerinnen und Schülern dieses Landes gegenüber.

Für vier der sechs Länder in Abbildung 18 zeigt sich eine große Spannweite an Schuljahren in der Heimat, geringer ist dieser Unterschied nur für Syrien und Äthiopien. Hier liegen die Werte der Schülerangaben verhältnismäßig nahe zusammen, bis auf einzelne Ausreißer machen alle Befragten Angaben von über fünf Jahren. Die Schülerinnen und Schüler aus Afghanistan, dem Irak, Somalia und Pakistan haben in der Heimat z.T. nie eine Schule besucht, andere haben jedoch deutlich mehr als zehn Jahre Schulbildung hinter sich. Interessanterweise unterscheiden sich alle sechs Länder hinsichtlich der Spitzenwerte nicht deutlich voneinander. Aus allen Ländern kommen Schülerinnen und Schüler mit ca. 15 Jahren Schulerfahrung. Abweichungen sind viel mehr im unteren Bereich festzustellen, d.h. bzgl. des Anteils an Schülerinnen und Schüler ohne bzw. mit geringer Grundbildung.

Es sei darauf hingewiesen, dass die Zahlen ausschließlich mit Blick auf die untersuchte Zielgruppe gelesen werden können. Die Fallzahlen sind abgesehen von Afghanistan zudem sehr gering. Gleichzeitig konnten aber alle relevanten Berufsschulen in Bayern befragt werden, wodurch die Ergebnisse die Gesamtsituation für alle neu zugewanderten Jugendlichen und junge Erwachsenen im zweiten Beschulungsjahr für den Erhebungszeitraum abbilden. Erhebungen in den Folgejahren könnten zeigen, inwiefern sich die Zahlen in Abbildung 16 bei den nächsten Schülerkohorten verändern werden. Hierbei könnte auch die Annahme untersucht werden, dass das Bildungsniveau von Geflüchteten und die Dauer der Krisen in den Herkunftsländern in Abhängigkeit stehen. Es wird konstatiert, dass zu Beginn von Konflikten insbesondere Hochqualifizierte die Heimat verlassen.

Generell gilt es zu beobachten, ob und ggf. inwiefern sich das aus der Heimat mitgebrachte Bildungsniveau auf die berufliche Situation von Migrantinnen und Migranten auswirkt. In der *Flüchtlingsstudie 2014* weisen Personen aus dem Irak ein vergleichsweise schlechtes Bildungsprofil auf. Gleichzeitig sind sie aber im Vergleich häufiger und umfangreicher erwerbstätig als Asylanerkannte bzw. anerkannte Flüchtlinge aus anderen Herkunftsländern. Eine Ursache hierfür könnte darin liegen, dass die befragte Gruppe aus dem Irak im Durchschnitt

---

43 Zum Vergleich: Für Deutschland wird eine durchschnittliche Schulbesuchsdauer von 12,9 Jahren angegeben. Für Somalia weist der Bericht keine Zahlen aus.

bereits längere in Deutschland lebt als die anderen Studienteilnehmerinnen und -teilnehmer (BAMF 2016b, S. 6). Als drängende Forschungsfrage steht im Raum, welche Faktoren bei Schülerinnen und Schülern letztlich zu einem erfolgreichen Übergang in Ausbildung und Beschäftigung führen und welche Rolle dabei das aus der Heimat mitgebrachte Bildungskapital spielt. In diesem Zusammenhang sollte nicht nur institutionell erworbenen Kompetenzen Aufmerksamkeit geschenkt werden, sondern es müssen auch informelle Bildungserfahrungen und ihre Nutzbarmachung im deutschen (Aus-)Bildungssystem untersucht werden.

Schulart im Heimatland

Grundsätzlich ist festzustellen, dass neu Zugewanderte in Deutschland zu Teilen deutlich höher qualifiziert sind als der deutsche Bevölkerungsdurchschnitt. So verfügten von den 2014 erfassten Neuzugewanderten im Alter von 25 bis 64 Jahren 37 Prozent über einen akademischen Abschluss – der Durchschnitt der deutschen Bevölkerung liegt bei 21 Prozent (IAB 2015b). Andererseits hatten nur 27 Prozent eine abgeschlossene Berufsausbildung gegenüber 68 Prozent der Deutschen. 34 Prozent der Neuzugewanderten hatten keinen berufsqualifizierenden Abschluss, wodurch der Anteil an Personen mit geringer beruflicher Qualifikation deutlich höher ist als im deutschen Durchschnitt (9 Prozent). Weiter ist festzustellen, dass neu Zugewanderte besser qualifiziert sind, als der in Deutschland lebende ausländische Bevölkerungsdurchschnitt (ebd.). Allerdings könnte, so die Einschätzung des IAB (ebd.), die zunehmende Fluchtmigration ab 2015 zu einem deutlichen Rückgang der durchschnittlichen Qualifikation der neu Zugewanderten führen. Zwar liegen bisher keine repräsentativen Daten zur Qualifikation von Geflüchteten vor, was eindeutige Aussagen zur Qualifikationsstruktur derzeit unmöglich macht. Aus Befragungs- wie auch aus amtlichen Registrierungsdaten lassen sich jedoch Hinweise ableiten, die allerdings mit großer Vorsicht interpretiert werden müssen, da z.B. das BAMF die Qualifikation von Geflüchteten auf der Grundlage freiwilliger Selbstauskünfte erhebt. Nach diesen Angaben haben unter den 2015 befragten Geflüchteten 13 Prozent eine Hochschule, 18 Prozent ein Gymnasium, 30 Prozent im Sekundarbereich eine Haupt- oder Realschule, 24 Prozent eine Grundschule und 8 Prozent gar keine Schule besucht. Zu ähnlichen Zahlen kommen die Erhebungen der BA. Demnach haben 22 Prozent der Migrantinnen und Migranten aus den besonders von Krieg, Bürgerkrieg und politischer Verfolgung betroffenen Ländern (dazu zählen Afghanistan, Eritrea, Irak, Iran, Nigeria, Pakistan, Somalia und Syrien) keinen Hauptschulabschluss, 25 Prozent Haupt- oder Realschulabschlüsse und 20 Prozent die Fachhochschul- oder Hochschulreife (ebd.).

Unter den sozialversicherungspflichtig Beschäftigten und Erwerbslosen aus den Kriegsregionen hatten 71 Prozent keine abgeschlossene Berufsausbildung, 8 Prozent verfügen über mittlere Berufsabschlüsse und 8 Prozent über einen akademischen Abschluss. Wesentlich schlechter zeigt sich die berufliche Qualifikation der bei der BA registrierten Gruppe Erwerbsloser. Unter ihnen hatten aus den Asylherkunftsländern insgesamt 80 Prozent und aus den Kriegsregionen 87 Prozent keine abgeschlossene Berufsausbildung, die in Deutschland z.B. durch Zertifikate über ausländische Qualifikationen formal nachgewiesen konnten. Im Vergleich dazu: Auch 77 Prozent der bei der BA registrierten erwerbslosen Ausländer und 43 Prozent der erwerbslosen Deutschen haben keine abgeschlossene Berufsausbildung (IAB 2015b). Insgesamt bringen diese Zahlen zum Ausdruck, vor welch großer Herausforderung die Berufsbildungs- und Arbeitsmarktpolitik hier steht und wie dringend alternative Anerkennungsverfahren von ausländischen Qualifikationen ohne Zeugnisse geschaffen werden müssen.

Es stellt sich die Frage, welche Schularten die Schülerinnen und Schüler an bayerischen Berufsschulen in der Heimat durchlaufen haben. Sie wurden nicht nur nach der absolvierten Schulbesuchsdauer gefragt, sondern auch *In welcher Schule warst du in deinem Heimatland?* Der Pretest hatte ergeben, dass eine geschlossene Frage hier nicht funktioniert, da nicht allen Schülerinnen und Schülern das bayerische Schulsystem bekannt zu sein scheint bzw. weil sich die Schulform der Heimat für die Befragten nicht auf das hiesige System übertragen lässt. Es wurde deshalb entschieden, dieses Item als offene Frage zu formulieren. Erwartungsgemäß fielen die Angaben sehr unterschiedlich aus. Manche Befragten gaben den Namen der Schule an, andere meinten schlicht, sie hätten eine *Normale Schule* besucht und wieder andere Angaben waren nicht zu verstehen. Es blieben 327 Angaben, welche nachvollzogen und kodiert werden konnten. Zusammen mit den 59 Schülerinnen und Schülern, welche in der Heimat keine Schule besucht hatten, ergibt sich so folgende Abbildung. In Anhang 7 finden sich detailliertere Angaben zu den Zahlenwerten.

Abbildung 19: Schulbildung in der Heimat (n = 386)

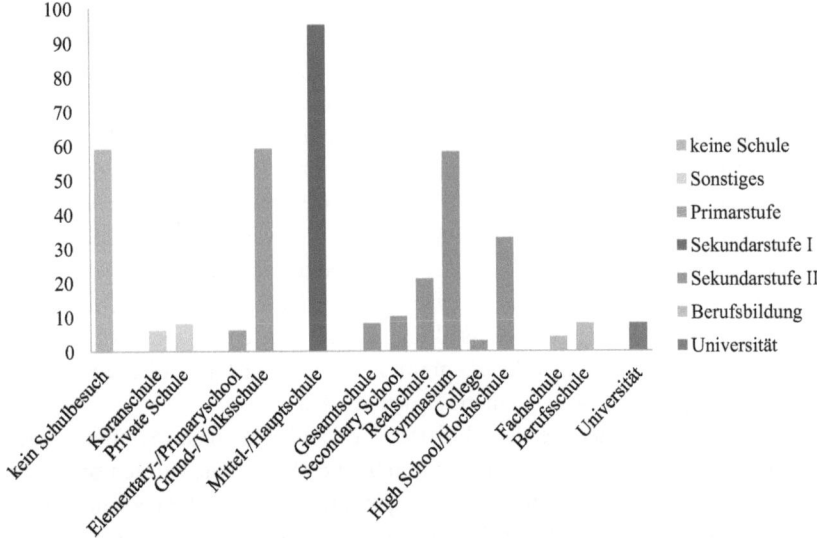

An dieser Stelle ist es wichtig zu betonen, dass Abbildung 19 nur eine erste Annäherung an die Schulerfahrungen der Schülerinnen und Schüler sein kann, da die vorgenommenen Kategorisierungen zwangsläufig mehrere Adaptionen durchlaufen haben. Der Schüler bzw. die Schülerin hat zunächst die Leistung vollbracht, die Schulart so zu formulieren, dass sie von den Adressaten des Fragebogens verstanden wird. In einem zweiten Schritt wurden die Schülerangaben kodiert und damit ihre Komplexität reduziert. Die Gefahr von Missverständnissen scheint bei diesem Item deshalb im Vergleich zu den übrigen besonders hoch. Ein dritter Übersetzungsfehler kann bei der Interpretation der Ergebnisse vorliegen, wenn die Schülerangaben zu sehr vor dem Hintergrund schulischer Sozialisation in Deutschland bzw. Bayern gelesen werden. Dieser Gedanke sei exemplarisch mit Blick auf die Angaben der Schülerinnen und Schüler aus Afrika ausgeführt. Seukwa (2006) erforscht den *Habitus der Überlebenskunst* afrikanischer Geflüchteter und kommt dabei auch auf den schulischen Kompetenzerwerb in der Heimat zu sprechen. In seiner Zusammenfassung des allgemeinbildenden Schulsystems wird deutlich, dass in den von ihm untersuchten afrikanischen Länder die Primarschulzeit zwischen fünf und acht Jahren umfasst (Seukwa 2006, S. 171) und damit in jedem Fall mehr als die vierjährige Grundschulzeit in Bayern. Von daher passt es durchaus zusammen, wenn ein Schüler aus Sierra Leone im Fragebogen einerseits angibt sechs Jahre in seiner Heimat die Schule besucht zu haben und im nächsten Item schreibt, er habe die *Primary School* besucht. Seukwa (2006, S. 171) spricht für Sierra Leone von einer zweijährigen Vorschulzeit und sieben darauf folgende Jahre in der Grundschule. Die Angaben in Abbildung 19 müssen also unter dem Blickwinkel ganz unterschiedlicher weltweiter Schulsysteme rezipiert werden.

Wie schwierig Vergleiche quantitativer Angaben zu Bildungsbiografien sein können, kann beispielshaft anhand der Länder Syrien und Albanien aufgezeigt werden: Eine Studie der OECD (2015) vergleicht die Schülerleistungen in 81 Ländern, indem die Ergebnisse der PISA-Studie von 15-Jährigen aus dem Jahr 2012 mit den Ergebnissen der TIMSS-Studie von Achtklässlern aus 2011 zusammengeführt werden. Dieser Abgleich der Werte internationaler Schülervergleichstests erscheint für die Einschätzung des durchschnittlichen Bildungsniveaus eines Landes plausibel, um zu Aussagen über vorhandene Kompetenzen im jeweiligen Land nach einer bestimmten Anzahl besuchter Schuljahre zu kommen. Interessant ist bei der genannten OECD-Studie, dass auch Daten von Syrien als Teilnehmer an der TIMMS-Studie Eingang finden. Zudem hat an der einbezogenen PISA-Studie neben Deutschland unter anderem auch Albanien teilgenommen, das Land mit den zweitmeisten Asylanträgen nach Syrien (siehe BAMF 2016c). Die damals getesteten Schülerinnen und Schüler sind heute etwa 18 Jahre alt. Die in der Studie der OECD (2015) berichteten Daten zeigen folgende Ergebnisse: Auf der PISA-Kompetenzstufe 1 sind absolute Grundkompetenzen definiert, die in Deutschland 16 Prozent der Jugendlichen nicht erreichen. In Syrien sind es dagegen 65 Prozent, in Albanien 59 Prozent. Dies bedeutet, dass das durchschnittliche syrische Leistungsniveau 140 PISA-Punkte hinter dem deutschen liegt, das albanische 123 Punkte. „Diese Differenz – wohlgemerkt unter Gleichaltrigen – entspricht in etwa dem, was Schülerinnen und Schüler im Durchschnitt in vier bis fünf Schuljahren lernen" (Wößmann 2016, S. 12). Demnach sind zwei Drittel der jungen Syrer und nahezu ebenso viele junge Albaner selbst in ihrer Muttersprache nur dazu in der Lage, einfachste Aufgaben zu lösen. „Nach internationalen Bildungsstandards müssen sie in Bezug auf die Beteiligung an einer modernen Gesellschaft als funktionale Analphabeten gelten. Diese Jugendlichen können in Deutschland, selbst wenn sie Deutsch gelernt haben, vermutlich kaum dem Unterrichtsgeschehen folgen, und ihnen wird zumeist die nötige Ausbildungsreife für die hiesigen Betriebe fehlen" (ebd.).

Zum Abschluss dieses Abschnitts sei noch einmal auf Seukwa (2006) Bezug genommen, der mit Blick auf afrikanische Staaten einen relevanten Punkt bzgl. curricularer Inhalte und Unterschiede einzelner Schulsysteme ausführt (ebd., S. 187). Hinsichtlich der formellen Bildung in Afrika spricht er von einer „bis heute überwiegenden Orientierung an den Inhalten europäischer humanistischer

Bildung, verstanden als Propädeutikum für eine geisteswissenschaftliche akademische Karriere oder eine Verwaltungslaufbahn". Die „Transferierbarkeit des institutionalisierten Kapitals in ökonomisches Kapital (im Sinne eines qualifizierten Zugangs zu anderen Segmenten des Arbeitsmarktes)" schätzt er als eher gering ein, schulische Bildung ist für viele wenig nützlich. Kompetenzen, die bei der persönlichen Lebensgestaltung in Afrika teilweise wenig hilfreich sind, könnten nach der Migration unter Umständen wieder an Wert gewinnen, „da einerseits in dem neuen Kontext der Aufnahmegesellschaft der Wert und soziale Nutzen schulischen Wissens unbestritten ist und andererseits in den meisten Ländern Afrikas in verschiedenen Unterrichtsfächern wie Mathematik, Literatur usw. Wissensinhalte gelehrt werden, die eher in westlichen Ländern elaboriert, stabilisiert und validiert wurden" (ebd., S. 188). Es steht zu vermuten, dass es zu einer derartigen Wertschöpfung letztlich aber viel zu oft nicht kommt, da „ein in Afrika erworbener Schulabschluss häufig bereits als minderwertig bewertet [wird], bevor überhaupt sorgfältig geprüft wurde, über welches konkrete Wissen bzw. welche Kompetenzen der oder die Jugendliche verfügt" (ebd.). Die Ergebnisse in den Abbildungen 16 bis 19 können als Aufforderung gelesen werden, sich mit der schulischen Biografie der Schülerinnen und Schüler intensiver auseinanderzusetzen mit Zielsetzungen wie der Sichtbarmachung individueller Bildungswege oder auch deren Nutzbarmachung im hiesigen Bildungs- und Berufssystem. Oftmals fehlende Leistungsnachweise in Form von Zeugnissen (Mirbach et al. 2014) erschweren diese Aufgabe erheblich.

Arbeitserfahrung in der Heimat

226 Schülerinnen und Schüler und damit 42 Prozent aller Befragten geben an, in ihrer Heimat bereits Arbeitserfahrung gesammelt zu haben.[44] In der Studie von Mirbach et al. (2014, S. 20) im Rahmen des ESF-Sonderprogramms Bleiberecht liegt der Wert bei 52 Prozent der Teilnehmenden. Vermutlich ist der Altersdurchschnitt hier höher als unter den Berufsschülerinnen und -schülern. Von daher verwundern die unterschiedlichen Zahlen nicht, wenn man annimmt, dass Arbeitserfahrungen im Kinder- und Jugendalter seltener sind als im Erwachsenenalter.

Die Herausforderung bei der Auswertung der Daten bestand darin, die unterschiedlichen Tätigkeitsbezeichnungen zu systematisieren und zu clustern. Dazu wurde versucht, die Angaben der Schülerinnen und Schüler anhand der

---

44 Aufgrund von Mehrfachnennungen liegen insgesamt 232 Angaben vor. Detailinformationen sind Anhang 8 zu entnehmen.

Terminologie der Bundesagentur für Arbeit zu ordnen. Antworten wie *Kfz Mechatroniker eine Woche* oder *Auto Mechaniker* wurden auf diese Weise dem Beruf Kraftfahrzeugmechatroniker/in zugeordnet, *Büro Arbeit* findet sich in Abbildung 20 als *Kaufmann/-frau für Büromanagement*. Die Abfrage der schulischen Vorerfahrung (Abbildung 19) zeigt jedoch, dass die genannten Tätigkeiten so gut wie nie auf einer institutionalisierten Ausbildung in der Heimat fußen. In der Regel wird es sich daher um Hilfsarbeiten oder – nach deutschem Verständnis – ungelernte Berufstätigkeiten handeln, manche Schülerinnen und Schüler haben dies auch explizit vermerkt, z.B. *Hilfsarbeit auf dem bauernhof* oder *Vater geholfen Elikteriker*. Die Benennungen in Abbildung 20 dienen demnach nur der Orientierung und Vereinheitlichung.

Abbildung 20: Arbeitserfahrung in der Heimat mit mindestens fünf Nennungen (n = 226)

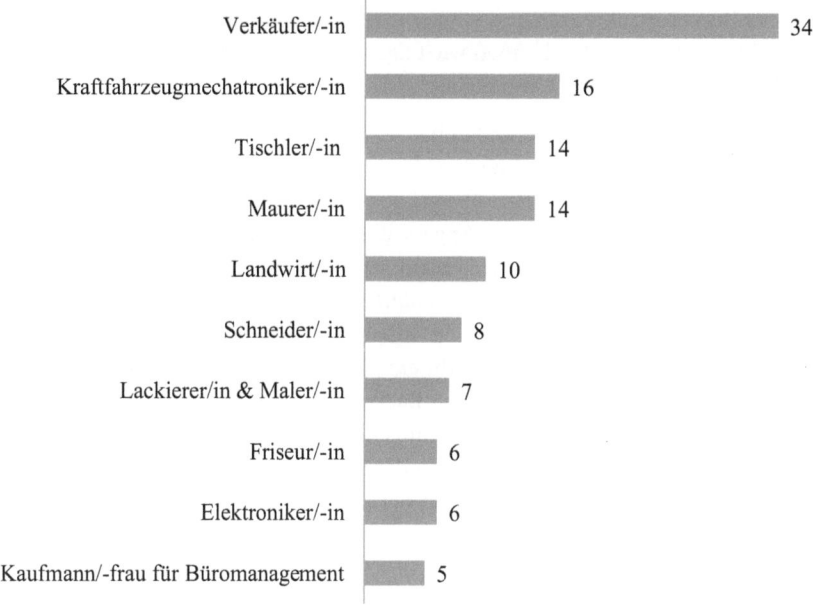

In Abbildung 20 wurden alle genannten Tätigkeiten mit mindestens fünf Nennungen aufgeführt. Insgesamt können so 120 Aussagen dargestellt werden. Die anderen 112 Angaben traten teilweise nur vereinzelt auf und wurden deshalb einer Kategorie Sonstiges zugeordnet wie *teppichknöpfer* oder *kriminal Analyse*. Außerdem waren manche Angaben unverständlich bzw. nicht eindeutig, wie z.B.

Ich hab nur Ausbildung gemacht oder *puppen bausteln*. Es sei an diese Stelle noch erwähnt, dass 50 Prozent der männlichen Schüler in der Heimat schon einmal einer Arbeit nachgegangen sind, auf die weiblichen Befragten trifft das nur für 20 Prozent zu.

Berufswunsch heute

Die *Flüchtlingsstudie 2014* des BAMF (2016b, S. 9) kommt zu dem Ergebnis: „Der mit Abstand am häufigsten genannte Wunsch bezieht sich auf die berufliche Integration: Ziel dieser Flüchtlinge ist es, eine Arbeitsstelle zu finden, beruflich erfolgreich zu sein und durch den Beruf sich und die Familie versorgen zu können". Entsprechend ist die rege Beteiligung an den Items zur beruflichen Zukunft bei der Studie in Bayern unmittelbar nachzuvollziehen, 500 der 538 befragten Schülerinnen und Schüler (93 Prozent) antworten auf die Fragen nach ihrem aktuellen Berufswunsch. Die Frage war offen gestellt, d.h. es gab keine Möglichkeit, vorgegebene Berufe anzukreuzen, die Schülerinnen und Schüler antworteten in einem Freifeld.[45] Die Antworten können wie folgt geclustert werden (in Klammern befindet sich die Anzahl an Nennungen):

- konkrete Berufe, wie z.B. Straßenbauer/-in (459),
- konkrete Berufssparten, ohne dass der genaue Beruf zu erkennen ist, z.B. Bau oder Polizei/Militär (23),
- Kategorie *Sonstiges*, wenn die Angabe der Schülerinnen und Schüler eindeutig zu verstehen war, sich aber keinem Ausbildungsberuf und auch keiner Berufsparte zuordnen ließ, wie z.B. *Politiker* oder *Arbeit in die Flughafen* (22),
- Kategorie *unverständlich*, wenn der Inhalt der Antwort nicht zu erfassen war, wie z.B. *Kranpfleger* oder *BBA*. Mit ersterem ist vermutlich der Krankenpfleger gemeint, mit letzterem evtl. der Bachelor of Business Administration, beides kann aber nicht mit Sicherheit angenommen werden (5),
- Kategorie *keine Berufsangabe*, wenn die Schülerinnen und Schüler aussagen, dass sie noch nicht wissen, welchen Beruf sie ergreifen möchten (25).
- Einzelne Schülerinnen und Schüler äußern den Wunsch, weiter zur Schule zu gehen (3).

---

45 Mirbach et al. (2014, S. 14) wählen als alteratives Vorgehen ein geschlossenes Frageformat und geben zu bedenken, dass „diese Abfrage vorhandene Berufswünsche nur näherungsweise erfassen [kann]". In der Konsequenz bedeutet das, dass sowohl offene als auch geschlossene Formate der genauen Erfassung von Berufswünschen nur bedingt gerecht werden können.

Die 459 konkreten Berufswünsche lassen sich wiederum unterteilen in 420 Nennungen von Ausbildungsberufen, 30 Mal wünschen sich die Schülerinnen und Schüler einen Beruf mit akademischem Abschluss und neun sehen sich in einem kreativen Beruf wie Musiker oder Künstler. Die insgesamt 459 Nennungen verteilen sich auf 78 Berufe. Es wird deutlich, dass sich die Berufswünsche quantitativ stark ausdifferenzieren und qualitative Nuancen erkannt werden, wie die Beispiele Bäcker/-in – Konditor/-in oder Altenpfleger/-in – Gesundheits- und Krankenpfleger/-in – Kinderpfleger/-in zeigen.[46] 29 der 78 konkret benannten Berufswünsche werden mindestens fünf Mal genannt. Sie sind in folgender Abbildung 21 dargestellt, Anhang 9 führt alle Schülerangaben auf.

---

46 Hier seien Forschungserkenntnisse erwähnt, wonach Migrantinnen und Migranten genauso viele Berufe bzw. tendenziell sogar etwas mehr Berufe bei der Ausbildungssuche in Betracht ziehen als Schülerinnen und Schüler ohne Migrationshintergrund (Beicht 2015, S. 102).

Abbildung 21: Aktuelle Berufswünsche mit mindestens fünf Nennungen (n = 500)

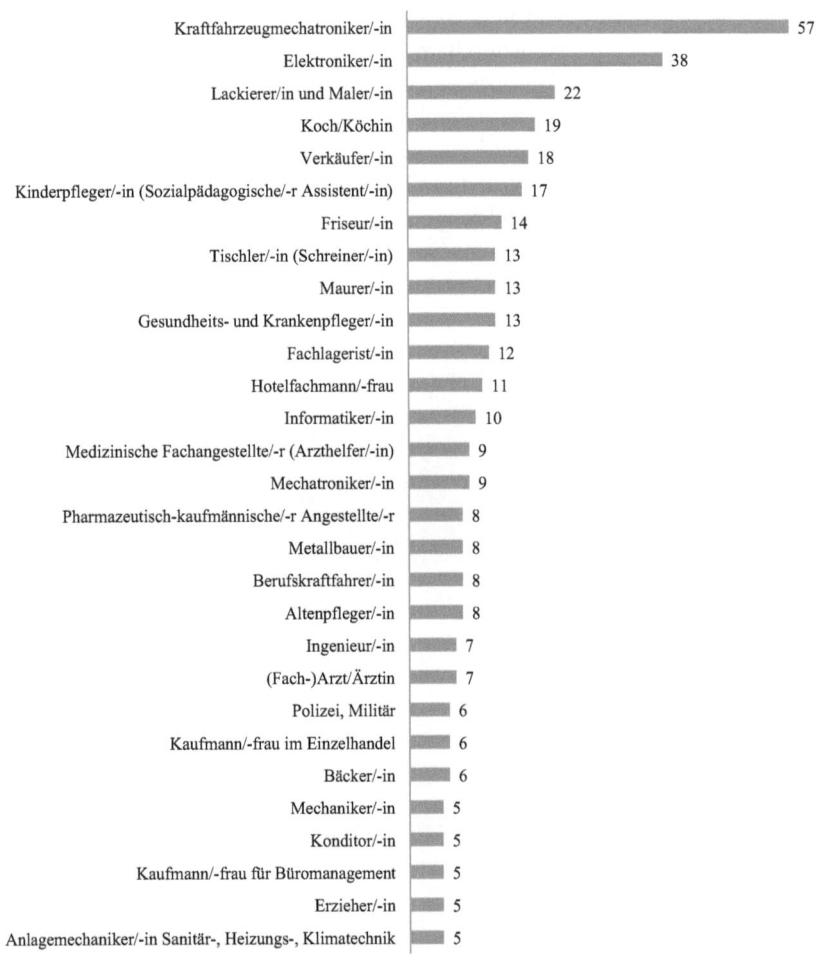

Es fällt auf, dass der Kraftfahrzeugmechatroniker mit Abstand der häufigste Berufswunsch ist, gut zwölf Prozent aller konkreten Berufsnennungen entfallen hierauf. Interessanterweise handelt es sich dabei auch um den am stärksten besetzten Ausbildungsberuf in Bayern im Schuljahr 2014/15.[47] Unter den Wunschberufen

---

47 S. die Angaben unter https://www.statistik.bayern.de/statistik/schulen/# [21.12.2015].

finden sich darüber hinaus einige, welche die Bundesagentur für Arbeit in ihrer Fachkräfteengpassanalyse aufführt. Es geht dabei insbesondere um technische Berufe, wie den bzw. die Mechatroniker/-in oder Anlagemechaniker/in Sanitär-, Heizungs- und Klimatechnik. Außerdem wird Fachpersonal in den Gesundheits- und Pflegeberufe wie Humanmediziner, Gesundheits- und Krankenpflegekräfte sowie Altenpflegekräfte gesucht (BA 2015).

Darüber hinaus interessiert, inwiefern die Schülerinnen und Schüler Berufe anstreben, die mit verhältnismäßig wenig sprachlich-kommunikativen[48] Kompetenzen auskommen oder ob diesbezüglich anspruchsvolle Tätigkeiten im Fokus stehen. Grundsätzlich werden sprachlich-kommunikative Kompetenzen heute für alle Branchen und auch für niedrig qualifizierte Arbeit als relevant angesehen (Berg & Grünhagen-Monetti 2009, S. 19; s. auch die geforderten Deutschkompetenzen der einzelnen Berufsprofile auf stellwerk-check.ch). Im Detail liegen allerdings noch keine Sprachbedarfsanalysen für die einzelnen Ausbildungsberufe vor (Efing 2013). Hinzu kommt, „dass die sprachlich-kommunikativen Anforderungen in der betrieblichen Ausbildung z.T. erheblich höher sind als in der späteren Berufsausübung" (ebd., S. 141) und verallgemeinernde Aussagen über Sprachbedarfe schon alleine deswegen nicht möglich sind. Was sich mit Abbildung 21 aber feststellen lässt, ist, dass die Schülerinnen und Schüler auch vor Berufen mit „Dienstleistungen an der Person" (Berg & Grünhagen-Monetti 2009, S. 15) nicht zurückschrecken und damit Tätigkeiten im Blick haben, bei denen Kommunikation per se zum beruflichen Selbstverständnis zählt. Als besonders herausfordernd kann der Beruf der Erzieherin bzw. des Erziehers gesehen werden, wo es u.a. darum geht, eine „Sprachfördersituation zu schaffen, die das Kind in seiner sprachlich-kognitiven Entwicklung unterstützt" (Hopp et al. 2010, S. 613).

Ganz offensichtlich wird der Anspruch einer beruflichen Orientierung im Rahmen der zwei Beschulungsjahre (ISB 2015, S. 19ff.) realisiert, indem die Schülerinnen und Schüler eine Vorstellung von den einzelnen Berufsbildern erhalten. Vermutlich konnten sie diese in vielen Fällen im Rahmen der Praktikumsphasen auch bereits mit Eindrücken aus dem Arbeitsalltag hinterlegen (Anderson 2013). Wie sehr sie dabei einen vertieften, realistischen Eindruck von den einzelnen Berufsprofilen erhalten, kann auf Basis der vorliegenden Daten nicht weiter analysiert werden. Hier könnten qualitative Studien weitere Erkenntnisse liefern.

---

48 Settelmeyer (2011) sieht sprachliche Kompetenzen in Zusammenhang mit interkulturellen. Sie arbeitet heraus, dass Migrantinnen und Migranten zum einen nicht automatisch über interkulturelle Kompetenz verfügen, die beruflich nutzbar gemacht werden können, und zum anderen nicht davon ausgegangen werden darf, dass sie diese selbstverständlich im beruflichen Kontext einbringen möchten.

Neben Einblicke in konkrete berufliche Tätigkeitsfelder scheint ein weiterer Aspekt zentral, denn: „Wie finden Jugendliche Zugang in eine Berufsausbildung? Möchten sie den Erfolg nicht dem Zufall oder dem Wirken anderer überlassen, sind sie gezwungen, sich mit der Logik dieser Aufgabe auseinanderzusetzen. Dies bedeutet, sie müssen die Institutionen des Ausbildungszugangs verstehen lernen" (Ulrich 2015, S. 54). Ulrich (2015) macht deutlich, dass die institutionellen Logiken der Berufsausbildung meist als gegeben betrachtet werden und damit zu schnell übersehen wird, dass sie auf einer Art Spielregeln basieren, welche Bewerberinnen und Bewerber kennen und beherrschen müssen. Er konstatiert, „dass ein großer Teil der Zugangsprobleme ausbildungsinteressierter Jugendlicher nicht auf persönliche Defizite zurückzuführen ist, sondern letztlich institutionelle Ursachen hat" (ebd., S. 59). Für die Lehrkräfte bedeutet das, dass sie sich vermeintliche systemische Selbstverständlichkeiten bewusstmachen müssen, um mit ihren Schülerinnen und Schülern konkret und im Detail daran arbeiten zu können. Eine Lehrkraft schildert in einem Interview dazu folgende Erfahrung (nach Weber 2015):

Im Irak, wenn einer ein guter Schüler sein will, dann macht er das, was der Lehrer sagt und fertig. Und wenn so jemand, der so sozialisiert ist, in den Betrieb geht und alles macht, was ihm gesagt wird, sagt der Betrieb, du bist faul. Und er zeigt keine Initiative. Ihm zu erklären, was das jetzt bedeutet und was jetzt ein deutscher Betrieb von ihm wissen will und wie die Erwartungshaltung von meiner Seite her ist – wenn quasi um neun Uhr heißt, es ist der Arbeitsbeginn, dass er dann aber trotzdem um zehn vor neun da sein muss – das ist nicht so immer ganz, das wird nicht immer gleich verstanden. Aber es wird wohlwollend aufgenommen, sagen wir mal so.

Die Berufsschule und ggf. der Kooperationspartner setzen ganz offensichtlich Qualifizierungsansprüche um, die deutlich machen, dass es zu kurz gegriffen wäre, die Klassen ausschließlich als sprachliche Vorbereitung auf eine gesellschaftliche Teilhabe in Deutschland zu begreifen. Weshalb der Blick auf die berufliche Zukunft der Schülerinnen und Schüler ein zentraler Baustein von Beschulungsmaßnamen sein sollte, macht beispielsweise der SVR mit folgender Aussage noch einmal deutlich: „Die Beteiligung am Arbeitsmarkt gilt nicht umsonst als Königsweg zur Integration. Neben autonomer Sicherung des eigenen Lebensunterhalts sind die Teilhabe am wirtschaftlichen Leben und der Kontakt zu anderen Erwerbspersonen wichtige Bestandteile der gesellschaftlichen Teilhabe" (SVR 2015a, S. 5).

Fasst man alle in der Studie genannten Berufe zu Branchen zusammen und nimmt gleichzeitig eine Unterscheidung in den Angaben hinsichtlich männlich – weiblich vor, so ergibt sich folgendes Bild:

Abbildung 22: Aktuelle Berufsbranchenwünsche, männliche Schüler – weibliche Schülerinnen (Die Angaben basieren auf n = 429. Aufgrund von Mehrfachnennungen ist die Summe der Angaben > 429. Die Prozentangaben sind gerundet. Deshalb weichen sie in der Summe geringfügig von 100 ab. Auch die Balken sind aus diesem Grund teilweise unterschiedlich lang trotz identischer Prozentwertangabe.)

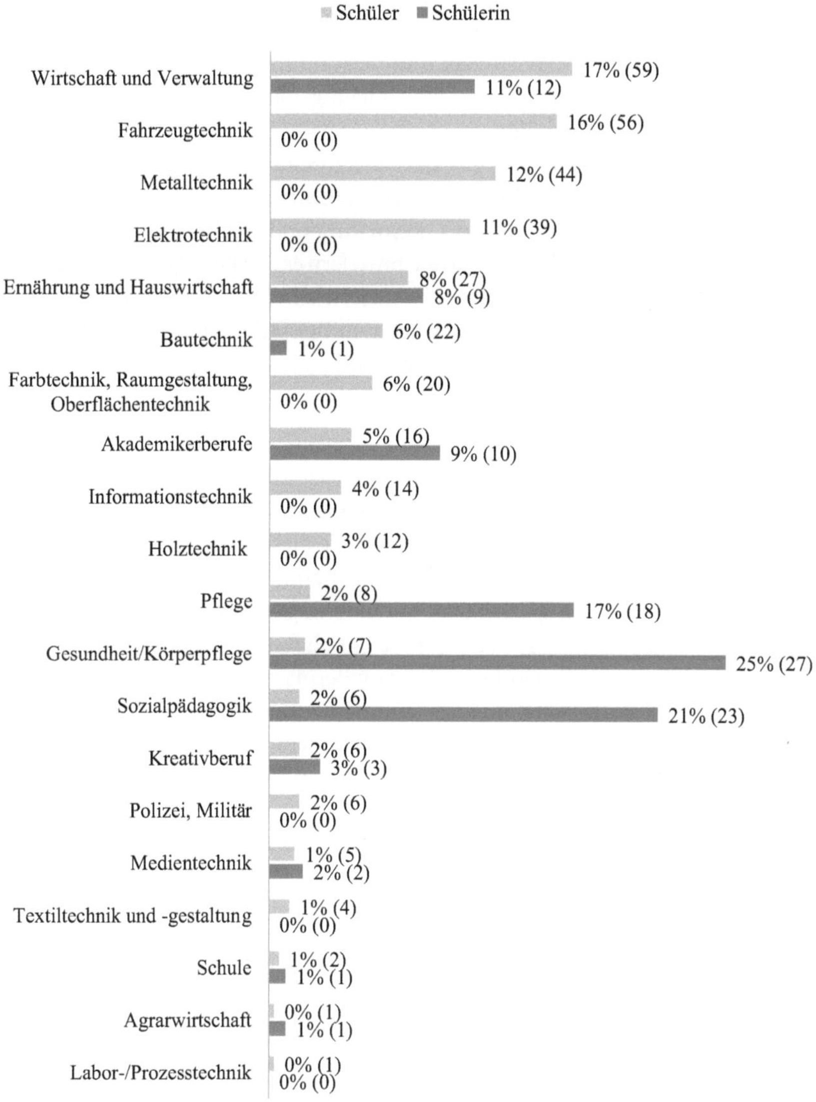

Schüler ■ Schülerin

Berufsbranche	Schüler	Schülerin
Wirtschaft und Verwaltung	17% (59)	11% (12)
Fahrzeugtechnik	16% (56)	0% (0)
Metalltechnik	12% (44)	0% (0)
Elektrotechnik	11% (39)	0% (0)
Ernährung und Hauswirtschaft	8% (27)	8% (9)
Bautechnik	6% (22)	1% (1)
Farbtechnik, Raumgestaltung, Oberflächentechnik	6% (20)	0% (0)
Akademikerberufe	5% (16)	9% (10)
Informationstechnik	4% (14)	0% (0)
Holztechnik	3% (12)	0% (0)
Pflege	2% (8)	17% (18)
Gesundheit/Körperpflege	2% (7)	25% (27)
Sozialpädagogik	2% (6)	21% (23)
Kreativberuf	2% (6)	3% (3)
Polizei, Militär	2% (6)	0% (0)
Medientechnik	1% (5)	2% (2)
Textiltechnik und -gestaltung	1% (4)	0% (0)
Schule	1% (2)	1% (1)
Agrarwirtschaft	0% (1)	1% (1)
Labor-/Prozesstechnik	0% (1)	0% (0)

Bei einigen Branchen lässt sich ganz deutlich ein Schwerpunkt hinsichtlich der Berufswünsche von männlichen und weiblichen Befragten sehen. Alle technischen Branchen wie Fahrzeug-, Holz- oder Metalltechnik werden so gut wie ausschließlich von männlichen Schülern gewählt. Frauen hingegen wünschen sich deutlich häufiger als ihre männlichen Mitschüler Berufe aus den Bereichen Pflege, Gesundheit und Körperpflege sowie Sozialpädagogik. In einigen wenigen Berufssparten ist das Verhältnis relativ ausgeglichen wie z.b. bei Ernährung und Hauswirtschaft oder auch Wirtschaft und Verwaltung. Interessant ist auch, dass die Frauen in den Klassen fast doppelt so häufig Akademikerberufe anstreben wie die männlichen Mitschüler.

Das BAMF (2016b, S. 7) hält fest, dass anerkannte Flüchtlinge und Asylanerkannte insbesondere in vier Tätigkeitsbereichen arbeiten: Gastronomie, Verpackung/Lagerung/Logistik/Transport, Reinigung und Herstellung und Verkauf von Lebensmitteln. Es bleibt abzuwarten, inwiefern es den befragten Schülerinnen und Schülern gelingt, ihre sehr ausdifferenzierten Berufswünsche zu realisieren oder ob letztlich doch eine Verengung auf zum Beispiel die in der BAMF-Studie herauskristallisierten Branchen stattfinden wird.

Berufswunsch früher

Die Schülerinnen und Schüler wurden auch gefragt: *Hattest du früher einen anderen Berufswunsch?* Im Falle der 233 Antworten *ja*, d.h. bei rund 43 Prozent aller Studienteilnehmerinnen und -teilnehmer, wurde dieser abgefragt. Abbildung 23 klärt somit nicht allgemein über die früheren Berufswünsche der Schülerinnen und Schüler auf, sondern speziell über Veränderungen gegenüber dem aktuellen Status Quo in Sachen Berufswunsch.[49] Es lässt sich festhalten, dass die Schülerinnen und Schüler inzwischen insbesondere von Berufswünschen mit akademischer Ausbildung, von Wirtschafts- und Verwaltungsberufen sowie der Fahrzeugtechnik Abstand nehmen. Letzteres ist insofern interessant, als dass der Kraftfahrzeugmechatroniker trotzdem der aktuell noch immer am häufigsten gewünschte Beruf ist (vgl. Abbildung 21).

---

49 In Abbildung 23 sind die Berufswünsche zu Branchen zusammengefasst. In Anhang 10 findet sich eine aufgeschlüsselte Übersicht.

Abbildung 23: Frühere Berufsbranchenwünsche (n = 233)

Ein näherer Blick auf die Rubrik der Akademikerberufe zeigt insbesondere folgende drei Tendenzen: Zehn Befragte wollten früher einen Akademikerberuf ergreifen, wünschen sich inzwischen aber einen Ausbildungsberuf, wobei sie den Branchenwunsch beibehalten. So wollten manche Schülerinnen und Schüler früher Arzt werden und haben jetzt eine Ausbildung als Medizinische Fachangestellte bzw. Medizinischer Fachangestellter im Blick. Alternativ visieren sie auch eine Ausbildung in der Gesundheits- und Krankenpflege an. Auch für andere Branchen lässt sich diese Form der Berufswunschadaption festhalten. Schülerinnen und Schüler, die früher Ingenieur werden wollten, geben heute KfZ-Mechatroniker oder Mechaniker an.

Als zweite Tendenz lässt sich beobachten, dass Schülerinnen und Schüler ihren ursprünglichen akademischen Berufswunsch aufgeben und sich auch bzgl. der Branche gedanklich umorientieren. Dieser Fall trifft auf 19 Schülerinnen und Schülern zu. So sind als frühere Berufswünsche z.b. Jura oder Journalismus aufgeführt, inzwischen werden aber kaufmännische Berufe als Wunschszenario angegeben.

Darüber hinaus gibt es Schülerinnen und Schüler, die an ihrem ursprünglichen akademischen Berufswunsch festhalten, d.h. sowohl früher als auch heute z.b. Arzt oder Lehrkraft werden wollen. Diesen Fall haben drei Schülerinnen und Schüler angegeben. Er tritt in der Realität aber vermutlich häufiger auf, denn die Fragestellung zielte auf derartige Antworten genau genommen nicht ab. Erfragt wurden ausschließlich Berufswunschveränderungen, welche in diesen drei Fällen eben nicht vorliegen.

Wirft man einen Blick auf die schulische Vorbildung der Schülerinnen und Schüler mit früher akademischem Berufswunsch, so wird deutlich, dass die Mehrheit mindestens acht Jahre Schulbildung aus der Heimat mit nach Deutschland bringt.

Bzgl. der Berufswunschentwicklungen in Deutschland können verschiedene Hypothesen angestellt werden, die einer näheren Überprüfung bedürfen. Unter Umständen findet in den beiden Jahren der beruflichen Vorbereitung eine berufliche Realitätsanpassung statt, indem mit den Schülerinnen und Schüler die jeweiligen vorhandenen Ressourcen und Potentiale herausgearbeitet, Bildungsmöglichkeiten und ihre Voraussetzungen in Deutschland reflektiert werden und auf dieser Basis eine realistische Zukunftsplanung zustande kommt. Andererseits sollte aber auch in Betracht gezogen werden, dass dieser Ressourcen- und Potentialabgleich an den Berufsschulen eben nicht in großer Breite stattfindet, sondern die individuelle Perspektive (zu) selbstverständlich im dualen System gesehen wird. Wie Berufswunschveränderungen bei den einzelnen Schülerinnen und Schülern zustande kommen, kann Abbildung 23 nicht beantworten. Nichtsdestotrotz können die hier herausgearbeiteten Ergebnisse zum Anlass genommen werden, die Etablierung eines notwendigen Bildungsclearings noch nachdrücklicher zu verfolgen. Es wäre notwendig, sich die tatsächlichen Qualifikationsstände der Schülerinnen und Schüler bei Ankunft in Deutschland näher anzusehen. Dazu bedarf es einerseits passender Instrumente, andererseits sind dafür Personen mit entsprechender Qualifikation und Zeit erforderlich, um sich entsprechenden Aufgaben zu widmen.

Die BIBB-Übergangsstudie 2011 hält fest, dass Migrantinnen und Migranten ohne Studienberechtigung häufiger den Besuch einer weiterführenden Schule, und damit seltener den Eintritt in eine betriebliche Ausbildung, anstreben als Schülerinnen und Schüler ohne Migrationshintergrund (Eberhard et al. 2013, S. 46). Bzgl. der Gründe führt Beicht (2015, S. 90) folgende Vermutungen auf: „Hier könnte z.b. ein in Migrantenfamilien besonders ausgeprägter Aufstiegswille verbunden mit einer Uninformiertheit über das deutsche Berufsbildungssystem und einer kritischen Einschätzung des mit einer betrieblichen Ausbildung erreichten Sozialstatus von Bedeutung sein". Bildungsberatung kann folglich nicht nur beim einzelnen Individuum mittels einer Bildungsbiografie- und Potentialanalyse ansetzen, sondern muss auch die Erwartungshaltungen und Informationsstände der Schülerinnen und Schüler hinsichtlich des betrieblichen Ausbildungssystems in Deutschland in den Blick nehmen.

e. Schlusskommentare

Der Fragebogen endet mit der Möglichkeit der offenen Kommentierung, indem es dort heißt: *Möchtest du uns noch etwas sagen? Schreib es hier auf...* Insgesamt nahmen 252 Schülerinnen und Schüler diese Möglichkeit war, d h. knapp die Hälfte der Befragten. Interessant ist, dass sich die Kommentare trotz der sehr offenen Formulierung des Items verhältnismäßig gut clustern lassen. Im Wesentlichen konnten alle Schlussbemerkungen einer von sieben Kategorien zugewiesen werden plus einer Rubrik für sonstige Bemerkungen. Die Schülerinnen und Schüler formulieren am Ende zum einen Aussagen oder Fragen, die sich direkt auf den Fragebogen beziehen, wie zum Beispiel *Warum Interessiert Euch meine Meinung* oder *Das hat mir Spaß gemacht*. Zum anderen nutzen sie die Gelegenheit, fragebogenunabhängige Wünsche, Lob, Kritikpunkte oder einen Dank anzubringen, darunter *Danke, dass sie für uns minderjährige Flüchtlinge diese Möglichkeiten gegeben, dass wir zu Schule gehen können. Und wir werden damit einem gut Zukunft haben.* Dieses Zitat aufgreifend, lässt sich sagen, dass das BAMF in seiner sogenannten *Flüchtlingsstudie 2014* vergleichbare Erfahrung hinsichtlich offener Kommentarmöglichkeiten in einem Fragebogen macht: Knapp 50 Prozent der Befragten formulieren am Ende ihre Dankbarkeit darüber, „in Deutschland leben zu dürfen, oftmals verknüpft mit Solidaritätsbekundungen: Man möchte gerne etwas an Deutschland ‚zurückgeben' und sich in der Gemeinschaft integrieren" (BAMF 2016b, S. 10). Bei der Studie an bayerischen Berufsschulen hinterlassen 124 Schülerinnen und Schüler zum Abschluss einen Dank, was 40 Prozent aller Schlussbemerkungen entspricht.

Abbildung 24: Schlusskommentare (Die Angaben basieren auf n = 252. Aufgrund von Mehrfachnennungen ist die Summe der Angaben > 252.)

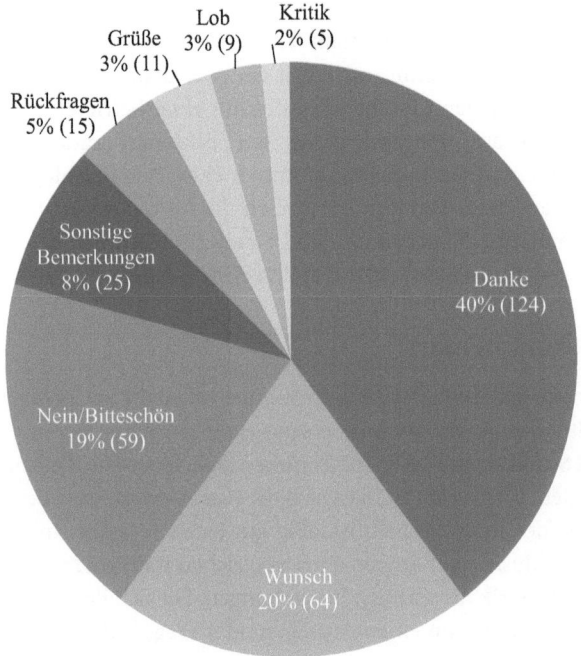

Maak et al. (2013, S. 102) nutzen die Kommentaren am Ende ihres eigenen Fragebogens, um auf dessen Qualität aus Sicht der Schülerinnen und Schüler zu schließen, indem sie sich der Quantität und den Inhalten der kritischen Kommentierungen näher widmen. Da Negatives nur vereinzelt auftritt, beurteilen sie sowohl das Befragungsinstrument als auch die Durchführungsmodalitäten als angemessen. Diese Argumentation stützt auch die Passung des Untersuchungsdesigns bei der hier dargelegten Studie an bayerischen Berufsschulen.

8. Reflexion zum methodischen Vorgehen

a. Gestaltung des Fragebogens und Durchführung

Die nun anschließende Reflexion zum methodischen Vorgehen stützt sich auf folgende Datengrundlage:

- Beobachtungen durch die Projektleitung während des Pretests in zwei Klassen
- Beobachtungen durch die Projektleitung während der Fragebogenerhebung in zwei Klassen
- Diskussionen über einzelne Items mit Schülerinnen und Schülern in zwei Klassen
- Diskussionen mit einer Lehrkraft zu den Ergebnissen des Pretests
- Einzelne Rückmeldungen von Schulen zur Fragebogenerhebung, die sich im Zuge von Nachfragen oder Zusammentreffen im Kontext anderweitiger Projekte ergeben haben
- Auswertung der 538 gültigen Fragebögen

Zunächst werden allgemeine Überlegungen dargelegt, bevor die methodische Herangehensweise speziell mit Blick auf Sprache und Inhalt sowie Technik diskutiert wird.

Die Tatsache, dass alle angefragten Schulen an der Befragung teilgenommen haben und keine Schülerinnen und Schüler bekannt sind, die eine Teilnahme verweigert hätten, lässt auf ein inhaltliches Interesse der Befragten und die organisatorische Umsetzbarkeit schließen.[50] Ähnlich wie Maak et al. (2013, S. 102) es tun, können zudem die überwiegend positiven Kommentare am Ende des Fragebogens „als Hinweis darauf gedeutet werden, dass sowohl der verwendete Fragebogen als auch die Art und Weise der Durchführung für die Zielgruppe geeignet sind". Die hohe Teilnahmebereitschaft deutet darüber hinaus auf ein großes Vertrauen der Schülerinnen und Schüler in die Sinnhaftigkeit der Arbeitsaufträge durch die Lehrkräfte (in diesem Fall die Bitte, dem Fragebogen auszufüllen) hin, was sich an zwei Stellen zeigt: In Fällen, in denen die Lehrkraft den Zweck der Fragebogenerhebung nicht erläutert hat, sondern unmittelbar zur Bearbeitung aufforderte, konnte bei den Hospitationen beobachtet werden, dass die Schülerinnen und Schüler nur in wenigen Fällen zu späterem Zeitpunkt individuell nachfragten,

---

50 Vgl. bzgl. der hohen Teilnahmebereitschaft auch BAMF (2016b) in Bezug auf Fragebogenstudien und Maak (2014, S. 334) in Bezug auf Interviews.

wozu sie die Fragen beantworten sollten. Zum anderen stand im Fragebogen selbst oberhalb der ersten Frage ein kurzer Text, der den Hintergrund des Fragebogens und die damit verbundenen Intentionen der Forscher erklärt.[51] Kaum ein Schüler oder eine Schülerin hat sich in den beobachteten Klassen diesem Text gewidmet, in beinahe allen Fällen bearbeiteten sie direkt die Items. Trotz dieser Anzeichen für eine vertrauensvolle Bearbeitungsatmosphäre ist nicht auszuschließen, dass einzelne Schülerinnen und Schüler trotz Skepsis an der Erhebung teilgenommen haben, um beispielsweise den Erwartungen der Lehrkräfte gerecht zu werden.

Für die Datenerhebung wurde den Schulen in einem Anschreiben zum Fragebogen angeboten, sich bei Unterstützungsbedarf an die Projektleitung zu wenden, wovon nicht ein einziges Mal Gebrauch gemacht wurde. Bei organisatorischen Rückfragen der Projektleitung an die mit der Erhebung betrauten Lehrkräfte äußerten sie mehrfach Freude darüber, dass die Arbeit mit neu zugewanderten Schülerinnen und Schüler in den Blick der (wissenschaftlichen) Aufmerksamkeit gerät. Es bleibt an dieser Stelle abzuwarten, ob sich die Situation in den kommenden Jahren ändert, da anzunehmen ist, dass Externe vermehrt bzgl. Hospitationen, Projektteilnahmen und Erprobungen in diesen Klassen anfragen werden. Die Teilnahmebereitschaft der Schulen sowie Schülerinnen und Schüler könnte sich in diesem Zuge evtl. wandeln. Da der mit unserer Studie beschrittene Feldzugang einen bisher kaum bearbeiteten Bereich berührt und die darin agierenden Personen bisher eher selten mit Forschungsvorhaben in Berührung kommen, dürfte auch der Zeitpunkt der Befragung zur positiven Teilnahmeresonanz beigetragen haben. Hinzu kommt, dass die offizielle Genehmigung der Befragung durch das Ministerium die Teilnahmemotivation der Schulen vermutlich erhöhte.

Dort, wo die Bearbeitung des Fragebogens unter Anwesenheit der Projektleitung stattgefunden hat, nahmen sich die Schülerinnen und Schüler zwischen fünf Minuten und einer Stunde für die Bearbeitung der Fragen Zeit. Interessanterweise konnte kein Zusammenhang zwischen der Sprachkompetenz Deutsch und der Bearbeitungszeit beobachtet werden. Teilweise haben im Deutschen sprachlich starke Schülerinnen und Schüler durch eine gewissenhafte Bearbeitung und wiederholte Nachfragen[52] verhältnismäßig lange für die Bearbeitung

---

51 Das Bayerische Staatsministerium für Bildung und Kultus, Wissenschaft und Kunst achtet bei seinem Genehmigungsprocedere insbesondere auch auf diesen Text. Hier galt es, den ministeriellen Anspruch, Datenschutzbestimmungen etc. zu wahren, mit dem wissenschaftlichen Anspruch einer zielgruppenadäquaten Textformulierung zu vereinen.

52 Maak et al. (2013, S. 105) stellen mit Blick auf ihre Befragung in Grundschulklassen zur Diskussion, inwiefern eine Schülernachfrage „Probleme im Fragebogen anzeigt

gebraucht, teilweise haben sie die Items zügig abgearbeitet. Auch kam von Seiten der Schülerinnen und Schüler in den persönlich begleiteten Klassen nicht der Wunsch auf, den Fragebogen gemeinsam zu bearbeiten, sondern jeder ist seinem bzw. jede ist ihrem Rhythmus gefolgt.

Diese Beobachtung im Rahmen der Hospitationen trifft möglicherweise nicht auf alle Schulen zu. An einzelnen Standorten wurde der Fragebogen von den Schülerinnen und Schüler einzeln unter Betreuung einer Lehrkraft bzw. eines Sozialpädagogen oder einer Sozialpädagogin ausgefüllt, wie Schulen auf Nachfrage mitteilten. An anderen Standorten lässt die Einheitlichkeit der Antworten beim letzten Item, dem offenen Kommentarfeld, die Vermutung zu, dass zumindest am Ende des Fragebogens eine Kommunikation in Kleingruppen erfolgte, evtl. auch mit Unterstützung durch die Lehrkraft. Maak et a. (2013) dokumentieren für die eigene durchgeführte Studie zur Mehrsprachigkeit an Thüringer Schulen, dass Lehrkräfte die Schülerinnen und Schüler im Antwortverhalten teilweise beeinflussen. Ihre Einschätzung hierzu kann auch für die Studie unter neu zugewanderten Jugendlichen und jungen Erwachsenen an Bayerns Berufsschulen geteilt werden: Eine Beeinflussung beim Ausfüllen des Fragebogens durch die Lehrkraft „sollte vorsichtig interpretiert werden, denn welches Eingreifen als ,erwünscht' anzusehen ist und welches Eingreifen nach Möglichkeit vermieden werden sollte, muss diskutiert werden" (ebd. S. 108).

Zu einer vertieften Auseinandersetzung regen insbesondere folgende Beobachtungen und Überlegungen an:

Immer wieder war erkennbar, dass die Schülerinnen und Schüler die Fragen nicht gründlich lesen, sondern sich unmittelbar mit den Antworten beschäftigen. Ein klares Absetzen der einzelnen Fragen voneinander scheint hier hilfreich zu sein, wie ein Vergleich der Beobachtungen zwischen Pretest und Befragungsdurchführung zeigt. Zudem bietet eine Online-Befragung die Möglichkeit, die Fragen auf mehrere Seiten zu verteilen, der schriftsprachliche Input kann dadurch Schritt für Schritt erfolgen. Nichtsdestotrotz konnte vereinzelt das Verhalten beobachtet werden, sich unmittelbar den Antworten zuzuwenden.

Werden bei einer Frage viele Antwortmöglichkeiten geboten, überfliegen die Schülerinnen und Schüler diese teilweise. Passende Antworten werden dann hin und wieder übersehen und somit nicht angekreuzt, sondern in das sich anbietende Freifeld eingetragen. Zwar wird die Validität der Daten dadurch nicht

---

und/oder – im Gegenteil – vielmehr auch auf einen relativ bewussten Umgang [...] mit dem Fragebogen hinweist, da sie bei Unklarheiten nachfragen, statt unüberlegt anzukreuzen".

eingeschränkt, der Auswertungsaufwand erhöht sich jedoch. Evtl. sollten die Antwortmöglichkeiten bei den sprachbezogenen Fragen reduziert werden, wo bei vorliegender Fragebogenfassung bis zu 20 Antwortmöglichkeiten zur Verfügung standen. Hierfür spricht auch die Erfahrung, dass sich die Sprachnennungen in den Freifelder leichter kategorisieren ließen, als im Vorfeld befürchtet; in den meisten Fällen waren die Nennungen eindeutig der Klassifikation von Haarmann (2002) zuzuordnen.

Das Bedürfnis, sozial erwünscht zu antworten, scheint sehr hoch. Im Pretest war eine Frage enthalten, bei der beurteilt werden sollte, wie gut der Fragebogen insgesamt verstanden wurde. Die Schülerinnen und Schüler gaben hier durchweg an, keine Bearbeitungsprobleme gehabt zu haben, obwohl aufgrund der Antworten und Beobachtungen während des Pretest ein anderer Schluss naheliegt. Über die Gründe hierfür lässt sich nur mutmaßen. Evtl. werden einzelne Begrifflichkeiten und Aussagen anders interpretiert (was heißt es, alles verstanden zu haben?) oder es handelt sich um Schülerinnen und Schüler mit großem Selbstbewusstsein. Vielleicht beeinflusst auch die Angst vor einem negativ verlaufenden Asylverfahren im Falle noch nicht vorliegender Bescheide das Antwortverhalten. Die Pretest-Erfahrung hinsichtlich einer Selbstüberschätzung bei der Frage nach dem Verständnis des Fragebogens hat letztlich auch die Entscheidung bekräftigt, die Fragen nach der individuellen sprachlichen Vielfalt nicht noch zusätzlich um Kompetenzeinschätzungen zu erweitern, wie es in anderen Fragebogenerhebungen der Fall ist (s. dazu die im theoretischen Bezugsrahmen angesprochenen Fragebogenerhebungen). D.h. die Nennung der persönlichen Muttersprachen und weiterer Sprachen, die verstanden, gesprochen, gelesen und/oder geschrieben werden können, wurde nicht um Fragen gemäß *Wie gut kannst du…* und skalierte Antwortmöglichkeiten ergänzt.

Ein möglichst intuitiv zugängliches Erhebungsverfahren, flankiert durch eine kurze sowie prägnante schriftliche Instruktion der Lehrkräfte, hat sich bewährt. Offen ist die Frage, wie dennoch Eindrücke von der Befragungsdurchführung gewonnen werden können. Notizen durch die Lehrkraft wären hier eine Möglichkeit, doch wären sie nicht objektiv und mit zusätzlichem Aufwand für die Schulen verbunden.

b. Sprache und Inhalt

Mit Blick auf die Verständlichkeit von Sprache und Inhalt des entwickelten Befragungsinstruments lässt sich nach Chlosta & Ostermann (2006, S. 58) differenzieren nach „Schwierigkeiten beim Verständnis der Frage" und „Schwierigkeiten bei der Beurteilung der erfragten Inhalte". Sprachliche Verständnisschwierigkeiten scheinen beim Fragebogen für neu zugewanderte Jugendliche und junge Erwachsene an Bayerns Berufsschulen im Vorfeld weitgehend ausgeräumt worden zu sein. Zentral hierfür waren zwei Schritte: Zum einen die Anpassung der Items an ein sprachliches Niveau, das die Schülerinnen und Schüler mit großer Sicherheit nicht überfordert, sondern in der Tendenz sogar deutlich unter dem liegt, was sie bewältigen können. Zum Versuch, den Fragebogen weitestgehend auf Niveau A1 zu gestalten, findet sich Näheres im Abschnitt zur Entwicklung des Befragungsinstruments. Zum anderen haben Rückmeldungen der Schülerinnen und Schüler im Rahmen von Pretests und persönlichen Diskussionen wichtige Hinweise bzgl. Verständnisschwierigkeiten gegeben. Auf diese Weise konnten sprachliche Hürden überwiegend ausgeräumt werden. Folgende zwei Punkte sollten bei künftigen Erhebungen aber ggf. angepasst werden: Im Rückblick erweist sich das Lexem *Zertifikat* in der Frage zu vorhandenen Sprachzertifikaten als problematisch. Es ließ sich beobachten, dass Schülerinnen und Schülern mit vorhandenem Zertifikat das Wort geläufig ist, denjenigen ohne Erfahrungen mit dem Deutschtest für Zuwanderer o.Ä. – und damit der Mehrheit der Befragten – die Frage jedoch Probleme bereitete. Zu den begrifflichen Schwierigkeiten auf Seiten der Schülerinnen und Schüler kam hinzu, dass die Lehrkräfte oft selbst mit der Sprachzertifikatlandschaft nicht vertraut zu sein scheinen, sie hier also auch nur begrenzt Hilfestellung geben konnten.

Eine weitere Verständnisschwierigkeit ergab sich bei den vorgegebenen Antworten zu den Fragen *Wie lange lernst du schon Deutsch?* und *Wie lange bist du schon in Deutschland?* Es bestand die Möglichkeit, Zeitspannen wie *0 Monate – 6 Monate* oder *mehr als 3 Jahre* anzukreuzen. Die Ergebnisse in den Abbildungen 2 und 12 deuten darauf hin, dass die Komplexität der Antwortmöglichkeiten unter Umständen zu groß war.

Bei allen anderen beobachteten Hürden handelte es sich nach Chlosta & Ostermann (2006, S. 58) vielmehr um „Schwierigkeiten bei der Beurteilung der erfragten Inhalte". Folgende Items führten zum Teil zu Rückfragen:

Bei den vier Fragen nach individuellen Sprachkenntnissen mit Blick auf die vier Fertigkeiten verstehen, sprechen, lesen, schreiben wurde das Modalverb *können* genutzt: *Welche Sprachen kannst du verstehen?* etc. Vereinzelt kam es hier zu Nachfragen, was unter *können* zu verstehen sei (s. hierzu auch Maak et al. 2013, S. 106f.), insbesondere, wenn es um die Frage ging, ob *Deutsch* angekreuzt werden soll. Diese Beobachtung während der Fragebogendurchführung in zwei Klassen wird durch die Gesamtdatenlage bestätigt: 84 Prozent haben beispielsweise angegeben, dass sie Deutsch verstehen, 16 Prozent haben sich gegen diese Aussage entschieden. Die Ergebnisse geben somit nur bedingt Auskunft über tatsächlich vorhandene Sprachkompetenzen. Vielmehr sind sie unter dem Blickwinkel einer

Selbstbeurteilung durch die Schülerinnen und Schüler zu lesen, was aber für sich genommen interessante Einblicke gewährt, solange die Antworten nicht im Sinne objektiver Beurteilungen missverstanden werden.

Überdacht werden sollte hingegen die Abfrage der individuellen Mehrsprachigkeit über das Item *Was ist deine Muttersprache?* und die später folgenden vier Items zu den Fertigkeiten. Die Ergebnisse deuten darauf hin, dass eine Frage wie *Welche Sprachen kannst du verstehen?* teilweise als *Welche Sprachen kannst du **abgesehen von deiner/n Muttersprache(n)** noch verstehen?* interpretiert wurde. Im Abschnitt zur Sprachenvielfalt wurden als Beispiele Somali und Amharisch aufgeführt. Nennungen in der Rubrik *Muttersprachen* treten bei diesen Fällen häufiger auf als bei den vier Fertigkeiten. Es wurde bereits erläutert, dass diese Angaben unter Umständen ihre Richtigkeit haben, ein inhaltliches Missverständnis aber noch wahrscheinlicher scheint.

Unter „Auswahl der Items" wurde dargestellt, dass die vorgegebenen Antwortmöglichkeiten bei allen sprachbezogenen Fragen und der Frage nach der Heimat aus der bayerischen Statistik zum Fluchtgeschehen 2014 abgeleitet wurde. Dieses Vorgehen hat sich grundsätzlich bewährt. Das Ergebnis zeigt aber auch, dass in den Klassen – anders als die Statistik vermuten ließ – vergleichsweise wenige Schülerinnen und Schüler aus den Balkanstaaten Bosnien-Herzegowina und Serbien kommen. Es sollte von daher erwogen werden, künftig alternativ mehr außereuropäische Hauptherkunftsländer als Antwortoptionen anzubieten, wie z.B. Pakistan, Äthiopien und Iran (Abbildung 3). Entsprechendes gilt für die Antwortmöglichkeiten der Items zur Muttersprache und den vier Sprachfertigkeiten. Amharisch und Urdu wurden als offene Antworten öfter eingetragen als vorgegebene Antworten wie Bosnisch und Serbisch angekreuzt (Abbildungen 6 und 7). Letztlich müssten die Migrationsgeschehnisse nach Deutschland im Falle einer erneut avisierten Erhebung beobachtet und die Items gemäß dann aktuellen Statistiken angepasst werden.

Die Frage *Wo hast du Deutsch gelernt?* war als offene Frage angelegt, d.h. es standen keine Antwortmöglichkeiten zur Verfügung. Bei manchen Schülerinnen und Schülern bestand hinsichtlich der Offenheit der Frage Unsicherheit. Sie fragten nach, ob das Land oder die Institution genannt werden soll. Die Antworten waren dementsprechend auf unterschiedlichen Ebenen, wie *In Deutschland* oder *sprach schule* angesiedelt. Für differenziertere bzw. systematisiertere Antworten, müsste die Frage präzisiert werden.

Im Ergebnisteil wurde bereits darauf hingewiesen, dass nicht davon ausgegangen werden kann, dass Attribuierungen in einer Frage gedanklich auf die nächste übertragen werden. *Ich habe in der Schule diese Sprache(n) neu gelernt* erscheint mit der Möglichkeit, einen Freifeldeintrag vorzunehmen, wenn bei der

Frage zuvor *Welche Sprache(n) hast du in der Schule in deinem Heimatland neu gelernt?* als Antwort *eine andere Sprache* gewählt wurde. Das Antwortverhalten deutet darauf hin, dass bei *Ich habe in der Schule diese Sprache(n) neu gelernt* die Angabe *in deinem Heimatland* nicht immer erschlossen und demnach z.B. auch *Deutsch* genannt wurde, was mit Blick auf die schulische Bildung in Deutschland nachzuvollziehen ist, mit der Frage aber nicht intendiert war.

Die letzten Fragen in der Rubrik *Informationen über dich* betrifft die jeweilige Lebenssituation der Schülerinnen und Schüler in Deutschland. Es sollte in Erfahrung gebracht werden, ob sie alleine in Deutschland sind oder sich in familiärem Umfeld befinden. Die Frage wurde in drei Teilfragen aufgeteilt inkl. Freifeld mit dem Ziel, den individuell unterschiedlichen Situationen gerecht zu werden. Nichtsdestotrotz gab es Schülerinnen und Schüler, die nicht recht wussten, wo sie sich zuordnen sollen. Die Verunsicherung betraf dabei die inhaltliche Auslegung von *allein*. Wie sind Familienmitglieder zu beurteilen, mit denen die Schülerinnen und Schüler nicht gemeinsam eingereist sind, die sich aber in Deutschland, jedoch an einem anderen Ort befinden? Die Antworten der Schülerinnen und Schüler müssen demnach vor dem Hintergrund interpretiert werden, dass *allein* von den Befragten semantisch individuell gefüllt wird.

Bei der Frage *Hast du in deinem Heimatland gearbeitet?* sei nur kurz darauf hingewiesen, dass einzelne Schülerinnen und Schüler mit Arbeitserfahrungen außerhalb der Heimat nicht wussten, ob sie hier mit *ja* antworten sollen. Insbesondere kann das Arbeitserfahrungen betreffen, die auf der Flucht nach Europa gemacht wurden oder in einem der Heimat angrenzenden Staat, in dem sich die Schülerinnen und Schüler teilweise über Jahre aufhielten, weil ein Leben in der Heimat nicht mehr möglich war. Das betrifft beispielsweise einige afghanische Schülerinnen und Schüler, die vor der Flucht nach Deutschland u.a. im Iran gelebt haben.

Bei kommenden Untersuchungen sollte auf skizzierte inhaltliche Unklarheiten mit einer Präzisierung der Fragestellungen reagiert werden, wenn ausgeschlossen werden soll, dass die Schülerinnen und Schüler bei der Beantwortung interpretative Spielräume haben. Es scheint hingegen keine Alternative zu sein, die Befragungen verstärkt persönlich zu begleiten. Zum einen aus den im Abschnitt „Pretest" dargelegten Gründen. Zum anderen stünden die Befragungsassistierenden damit vor der Herausforderung, bei Unklarheiten eine individuelle Interpretation für die Schülerinnen und Schüler vorzunehmen, deren Einheitlichkeit über die gesamte Erhebung nicht gewährleistet werden kann (s. zu einer davon abweichenden Einschätzung Chlosta & Ostermann 2006, S. 57ff.).

Interessant ist folgende Beobachtung im Umgang mit sprachlichen Schwierigkeiten: Die Schülerinnen und Schüler wussten sich unaufgefordert auf verschiedene Art und Weise zu helfen. Sie nutzen zum einen technische Hilfen, d.h. die Suchmaschine Google am PC, an dem der Fragebogen ausgefüllt wurde, und teilweise auch das eigene Smartphone. Zum anderen baten sie um persönliche Unterstützung, entweder durch die Lehrkraft oder durch Mitschülerinnen und Mitschüler. Dabei schien es insgesamt weniger um sprachliche Verständnisschwierigkeiten zu gehen (s. oben), sondern um das Bestreben, die Freifelder orthografisch und grammatikalisch möglichst korrekt auszufüllen. Es wurde z.B. mehrfach beobachtet, dass die Schülerinnen und Schüler über Google auf der Suche nach der korrekten Schreibung des Deutschtests für Zuwanderer waren.

Der Wunsch nach einer sprachlich korrekten Ausdrucksweise – die nebenbei bemerkt natürlich sehr unterschiedlich erfolgreich glückte – hielt die Schülerinnen und Schüler nicht davon ab, die offenen Fragen zur freien Textproduktion zu nutzen, im Gegenteil. Die Antworten können teilweise so interpretiert werden, dass die Schülerinnen und Schüler sich hier nicht mit einem Minimum an Auskunftsbereitschaft begnügten, sondern die Antworten über das hinausgehen, was einer ausreichenden Beantwortung aller Fragen entsprochen hätte. Neben den teilweise umfangreichen Einträgen in den Freifeldern bekräftigen persönliche Beobachtungen diesen Eindruck: Dazu gehört u.a. die Erkundigung eines Schülers, ob er bei der Frage nach dem Berufswunsch auch mehr als eine Nennung vornehmen dürfe.

c. Technik

Die Entscheidung für eine Online-Variante der Befragung ging im Vorfeld mit der Annahme einher, dass alle Schülerinnen und Schüler die Handhabung von PC und Internet weitgehend beherrschen. Die meisten Schülerinnen und Schüler gehen mit einem Smartphone sehr routiniert um, sie nutzen dieses beispielsweise im Unterricht als Übersetzungshilfe. Die Ergebnisse in Abbildung 13 bestätigen die Hypothese, dass das Handy ein gern genutztes Medium ist. Es zeigte sich bei der Pilotierung des Fragebogens in einer Klasse im ersten Beschulungsjahr jedoch sehr deutlich, dass vom selbstverständlichen Einsatz mobiler Endgeräten nicht auf grundlegende PC-Kompetenzen geschlossen werden kann. Probleme bestanden insbesondere bei der Bedienung der Maus (z.B. beim Ansteuern der anzuklickenden Kontrollkästchen oder dem Scrollen auf einer Seite), bei der Bedienung der Tastatur (z.B. beim Eintippen der www-Adresse des Fragebogens) und beim Verständnis vom Aufbau von Internetseiten (z.B. wird über einen Button „weiter" auf die nächste Seite geklickt, bekannt scheint wohl eher die Smartphone-Wischbewegung z.B. von rechts nach links). Bei der Pilotierung im zweiten Beschulungsjahr zeigten sich keine vergleichbaren technischen Probleme, was u.a. am EDV-Unterricht an der Berufsschule liegen mag, den die Schülerinnen und Schüler zum

Zeitpunkt der Befragung dann bereits länger absolviert hatten als Schülerinnen und Schüler im ersten Beschulungsjahr. Auf der Basis der zweiten Pilotierung fiel demnach die Entscheidung, die Befragung tatsächlich als Online-Variante durchzuführen, den Fragebogen jedoch nur an die Klassen im zweiten Beschulungsjahr zu geben (s. hierzu den Abschnitt „Pretest"). Bei den Beobachtungen der Fragebogenbearbeitung zeigten sich beispielsweise folgende Anzeichen einer souveränen PC-Bedienung: Die Schülerinnen und Schüler

- nutzten die Maus als Lesehilfe, indem sie mit dem Cursor über die zu lesenden Textpassagen fuhren.
- nutzten die Copy-Paste-Funktion, wenn sie in den Freifeldern Antworten wiederholen wollten.
- sprangen zwischen den einzelnen Fragebogenseiten über den weiter- und zurück-Button hin und her, um Fragen einerseits bei Bedarf noch einmal zu ändern und andererseits zu überprüfen, ob sie wirklich alle Fragen beantwortet haben.
- probierten teilweise aus, bei welchen Fragen es sich um Filter handelt, indem sie testeten, bei welcher Antwort sich weitere Fragen öffnen.

Insgesamt können für die hier erfolgte Realisierung des Fragebogens in einer Online-Form deutlich mehr Vor- als Nachteile festgehalten werden. Positive wie negative Einschätzungen und Beobachtungen werden im Folgenden kurz zusammengefasst.

Als Vorteile der digitalen Fragebogenvariante liegen die vereinfachte Datengewinnung, -übermittlung und -verarbeitung auf der Hand. Die Schulen haben, anders als bei Papier-Bleistift-Umfragen, keinen Aufwand mit der Verteilung des Fragebogens an einzelne Lehrkräfte, Klassen sowie Schülerinnen und Schüler. Nach Abschluss der Befragung muss kein postalischer Rückversand organisiert werden, die Daten gelangen stattdessen elektronisch direkt zur Projektleitung. Datenverlust aufgrund verloren gegangener Fragebögen oder unleserlicher Handschriften kommt nicht zustande. Nach Abschluss der Befragung müssen die Angaben nicht erst digitalisiert werden, sondern sie lassen sich unmittelbar weiterverarbeiten. Bzgl. der Fragebogendurchführung ergaben sich sowohl für die Schülerinnen und Schüler als auch für die Lehrkräfte positive Effekte: Die Befragten wussten die Flexibilität einer elektronischen Befragung insofern gut zu nutzen, als dass sie die Möglichkeit wahrnahmen, ihre Antworten noch einmal zu überdenken und bei Bedarf zu überarbeiten. Freifelder wurden teilweise zunächst selbstständig ausgefüllt, die Lehrkraft später aber noch einmal um Korrekturen gebeten, sobald diese für eine persönliche Beratung zur Verfügung stand. Als zeitlicher Bearbeitungsaufwand wurden Zeitspannen zwischen 5 Minuten und einer

Schulstunde (45 Minuten) beobachtet. Sobald die Schülerinnen und Schüler den Fragebogen abgeschickt hatten, beschäftigten sie sich selbstständig im Internet. Die Lehrkraft verwies sie dazu beispielsweise auf das Online-Lernangebot zum Lehrwerk *Schritte*. Andere Schülerinnen und Schüler bevorzugten einen Blick auf youtube oder facebook. In allen beobachteten Fällen konnten die Schülerinnen und Schüler dadurch sehr gut ihr eigenes Bearbeitungstempo wählen und wurden im Falle eines größeren Zeitbedarfs nicht bei der Bearbeitung gestört.

Die größten Vorteile eines elektronischen Fragebogens ergaben sich im Rahmen des hier diskutierten Befragungssettings jedoch insbesondere bei der Fragebogengestaltung (s. auch Porst 2014, S. 155ff.): Der Fragebogen lässt sich grafisch entzerren, indem die Items über verschiedene Seiten verteilt werden können, die mit einem *weiter*- bzw. *zurück*-Button zu erreichen sind. Im vorliegenden Fall wurden die Fragen auf zwölf Seiten präsentiert, was sich in einer Print-Variante nicht angeboten hätte. Die Darstellung des Fragebogens in Anhang 1 entspricht demnach optisch nicht dem Fragebogen, wie ihn die Schülerinnen und Schüler gesehen haben (die Gestaltung von Anhang 1 ist dem Format dieser Publikation geschuldet). Es soll hier deshalb exemplarisch der Fragebogenabschnitt *Dein Schulbesuch* so gezeigt werden, wie die Items am PC für die Schülerinnen und Schüler aussahen:

Abbildung 25: Fragebogenausschnitt zum Item Warst du in deinem Heimatland in einer Schule? *mit Nein. als gewählte Antwort.*

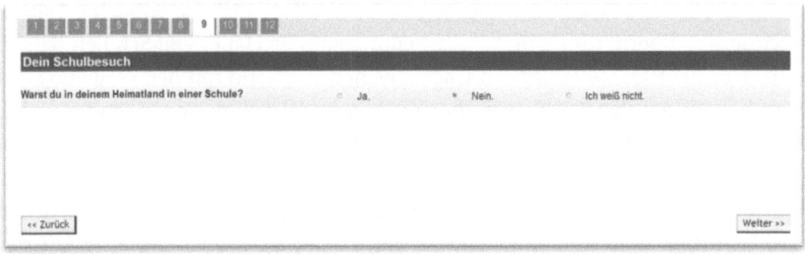

Seite neun bestand zunächst nur aus dem Item *Warst du in deinem Heimatland in einer Schule?* Im Falle von *Ja* öffneten sich alle weiteren schulbezogenen Fragen, im Falle von *Nein* bzw. *Ich weiß nicht* navigierten die Schülerinnen und Schüler über *weiter* unmittelbar zu Seite zehn.

Abbildung 26: Fragebogenausschnitt zum Item Warst du in deinem Heimatland in einer Schule? *mit* Ja. *als gewählte Antwort.*

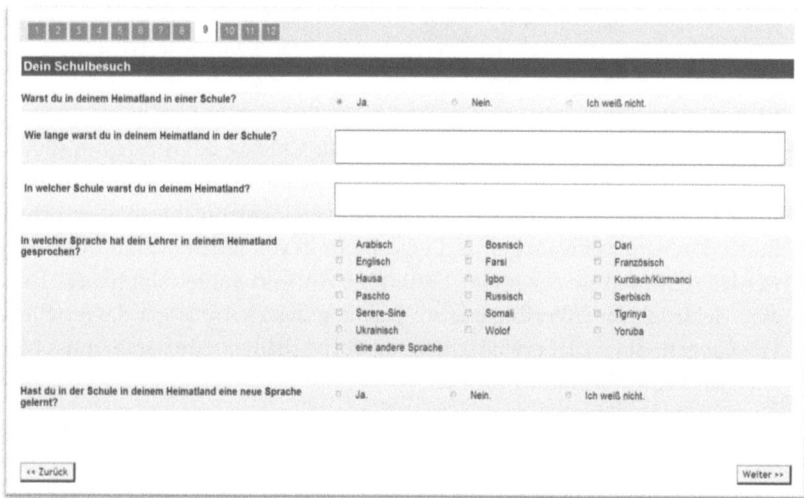

Neben der Möglichkeit, die Items über mehrere Seiten zu verteilen, wird ein ausschlaggebender Vorteil von elektronischen Fragebögen im Einsatz einer Filterführung gesehen. Der Umgang mit Filtern ist in Papier-Bleistift-Befragungen erfahrungsgemäß problembehaftet (s. z.B. Chlosta & Ostermann 2006, S. 60; Maak et al. 2013, S. 109). In elektronischen Varianten hingegen müssen Filterführungen weder erklärt werden noch stiften sie Verwirrung, da sich der Fragebogen automatisch je nach Antwort individuell adaptiert. Mit Blick auf den hier diskutierten Fragebogen werden insbesondere folgende zwei Vorteile von Filterführungen gesehen:

- Bei einigen Fragen war die Gesamtheit aller möglichen Antworten nicht bekannt (Sprachenvielfalt, Heimatland etc.). In diesen Fällen fungierte ein zusätzliches Antwortfeld *eine andere Sprache, ein anderes Heimatland* o.Ä. als Filter, dessen Wahl ein Freifeld zur Folge hatte.
- Bei einem Fragenblock wie *Dein Schulbesuch* wurde mit einer vorausgestellten Frage zunächst eruiert, ob die diesem Themenfeld zugehörigen Items für den Schüler bzw. die Schülerin überhaupt relevant sind. Die Frage *Warst du in deinem Heimatland in einer Schule?* wurde beispielsweise als Filter genutzt, um zu klären, ob der Fragenabschnitt zur Schulbiografie überhaupt erscheinen oder die Schülerin bzw. der Schüler direkt zu *Informationen über dich* geleitet werden soll. Für dieses Vorgehen spricht zum einen ein pragmatisches

Argument, indem sich der oder die Befragte idealerweise übersichtlich nur mit den Items auseinandersetzen sollte, welche sie oder ihn betreffen. Zum anderen war mit derartigen Filtern die Hoffnung verbunden, dass ein sozial erwünschtes Antwortverhalten verringert werden kann. Die Hypothese ist, dass sich auf die Frage *Warst du in deinem Heimatland in einer Schule?* leichter *Nein* antworten lässt, wenn nicht unmittelbar sichtbar ist, wie viele nicht zu beantwortende Fragen das zur Folge hat. Chlosta & Ostermann (2006, S. 60) haben bei ihrer Befragung beispielsweise die Erfahrung gemacht, dass sich einsprachige Schülerinnen und Schüler von mehrsprachigen übervorteilt fühlen können, wenn ein ganzer Frageabschnitt von ihnen nicht beantwortet werden darf, weil sie zuvor eine bestimmte Antwort ausgewählt haben. Dass eine elektronische Filterführung im Rahmen des in Anhang 1 dargestellten Fragebogens ein sozial erwünschtes Antwortverhalten reduzieren, muss hier allerdings eine Vermutung bleiben.

Zum Abschluss der Methodendiskussion können noch einige Nachteile angeführt werden, die sich aus einer digitalen Fragebogenvariante ergeben können:

- Die Schulen müssen eine Nutzung des PC-Raums möglich machen.
- Der Fragebogen kann nur unter Anleitung einer Lehrkraft durchgeführt werden, die mit der technischen Administration der PCs vertraut ist.
- Technische Schwierigkeiten müssen einkalkuliert werden (unterbrochene Internetverbindung, Log-Ins, die nicht funktionieren).
- Schülerinnen und Schüler benötigen entsprechende digitale Kompetenzen zur Bearbeitung des Fragebogens.

Im Abschnitt „Datenerhebung" wurde darauf hingewiesen, dass an vier Schulen technische Schwierigkeiten zu einem Datenverlust geführt haben. Im Falle der persönlich begleiteten Fragebogendurchführung hingegen ergaben sich zunächst Probleme mit den Log-Ins, die gelöst werden konnten. Die Lehrkraft stand den Schülerinnen und Schülern aufgrund der technischen Rückfragen jedoch bei inhaltlichen Nachfragen in der ersten Zeit nicht zur Verfügung.

Die im Vorfeld der Erhebung eingeholten Informationen über die technische Ausstattung der Schulen und Zugangsmöglichkeiten zu den PC-Räumen hat ergeben, dass an allen Schulen eine digitale Bearbeitung der Fragebögen möglich sein müsste, die Realisierung aber stark vom Kooperationswillen der Schulen abhängen wird, indem zum einen PCs und zum anderen qualifizierte Lehrkräfte für die Bedienung der Geräte zur Verfügung stehen müssen. Umso erfreulicher war im Ergebnis, dass kein Schulstandort diesen Aufwand gescheut hat und sich alle angeschriebenen Schulen an der Befragung beteiligt haben.

9. Ausblick

Ich glaube dass Sie mussen noch fragegn warum sind wir nach Deutschland gekommen und ein bisschen über unsere hobbys.

ich gerne mit euch kontak haben.
habe ich ein paar fragen wenn moglich ist?

(schriftliche Kommentare von Schülerinnen und Schülern am Ende der Befragung)

Auf eine Zusammenfassung der Befragungsergebnisse sei an dieser Stelle verzichtet und dazu auf den Abschnitt „Das Wichtigste in Kürze" am Anfang der Publikation verwiesen. Es stellt sich zum Abschluss die Frage: Was folgt aus den gewonnenen Erkenntnissen?

Schülerschaft

Im Zuge der Debatte um steigende Zuwanderungszahlen werden Stimmen lauter, die darauf aufmerksam machen, dass es **den** neu zugewanderten Jugendlichen nicht gibt genauso wenig wie **den** Schüler. Die gewonnenen Ergebnisse illustrieren diese Einschätzung auf verschiedenen Ebenen. Die Schülerinnen und Schüler eint die Tatsache einer persönlichen Migrationsgeschichte im Schul- oder Ausbildungsalter, eine geringe oder nicht vorhandene sprachliche Vorbereitung auf Deutschland und der Aufenthalt in Bayern mit der daraus resultierenden gesetzlichen Berufsschulpflicht. Darüber hinaus ist in erster Linie Vielfalt statt Gleichheit zu erkennen. 44 Heimatländer mit ganz unterschiedlichen Bleibeperspektiven in Deutschland, 55 Muttersprachen, zwischen null und 17 Jahren Schulerfahrung in der Heimat, Analphabetismus versus universitäre Hochschulbildung und ein Berufswunschspektrum, das sich mit 78 unterschiedlichen Berufe in unterschiedlichen Branchen weit ausdifferenziert. Die Ergebnisse können demnach als Plädoyer dafür gelesen werden, von einer Wahrnehmung der Schülerschaft als homogene Gruppe verstärkt Abstand zu nehmen.

Pädagogische Fachkräfte

Die Diskussion um eine entsprechende Qualifizierung von Lehrkräften für den Umgang mit sprachlicher und kultureller Heterogenität an Schulen ist keine neue Forderung. In den letzten Jahren wurde sie jedoch stark forciert unter dem Blickwinkel eines sprachbewussten Regelunterrichts (s. z.B. Baur et al. 2009,

ISB 2012), der sich der sprachlichen Bildung aller Schülerinnen und Schüler bzw. der gezielten sprachlichen Förderung einzelner Kinder und Jugendlicher mit Unterstützungsbedarf widmet. Die in diesem Zuge entstandenen Curricula für die Lehrerbildung in Form von Modulen oder ganzen Studiengängen (vgl. Baumann & Becker-Mrotzek 2014) sowie deren Umsetzung in ein konkretes Veranstaltungsangebot fokussierten stark auf die Bedarfe von Schülerinnen und Schülern mit ausgeprägten alltagssprachlichen Kompetenzen, aber Unterstützungsbedarf im Bereich der Bildungssprache. Bei neu zugewanderten Schülerinnen und Schüler stehen die Schulen nun vor der Herausforderung, zunächst einmal Förderangebote im Bereich von Basiskenntnissen des Deutschen zu entwickeln. Lehrkräfte, Sozialpädagoginnen, -pädagogen etc. haben Schülerinnen und Schüler vor sich, die Deutsch als neue Sprache erwerben wollen, beginnend im Bereich der grundlegenden Sprachverwendung, d.h. dem Niveau A nach dem Gemeinsamen Europäischen Referenzrahmen. Der Erwerb dieses basalen sprachlichen Handlungsrepertoires benötigt neben einer adäquaten Lernumgebung zunächst einmal vor allem eins: Zeit (Michalak et al. 2015, S. 10). Gleichzeitig besteht überall dort, wo institutionelle Übergänge anstehen (z.B. Berufsvorbereitung – Ausbildungsverhältnis) der Anspruch, sich nicht zu lange mit der Förderung von Grundlagen aufzuhalten. Stattdessen erwartet man von den Schülerinnen und Schülern möglichst schnell das Vermögen, „fachliches Wissen und Können in der Sprache des Unterrichts zu entwickeln" (Michalak et al. 2015, S. 13). Voraussetzungen dafür sind bildungssprachliche Kompetenzen als eine Art Werkzeug, das Fachinhalte zugänglich und produzierbar macht. Die Ergebnisse zeigen, dass eine wesentliche Kompetenz von pädagogischen Fachkräften künftig darin bestehen wird, die unterschiedlichen Eingangsvoraussetzungen der Schülerinnen und Schüler sowie ihre Relevanz für den weiteren Bildungsprozess zu erkennen und differenzierte Bildungsangebote zu gestalten. Die damit angesprochenen Kompetenzen in den Bereichen Diagnostik und Förderung sind voraussetzungsreich und bedürfen einer entsprechenden Qualifikation. Es gilt zudem zu klären, welche Zielsetzungen sowohl für die Schülerinnen und Schüler als auch für die pädagogischen Fachkräfte in welchem Zeitraum zu bewältigen sind. Pauschal wird sich diese Frage sicherlich nicht beantworten lassen. Es ist abzusehen, dass Schulen flexible Curricula und Lehrmaterialien benötigen.

Berufliche Bildung

Obwohl die berufliche Bildung in Deutschland bisher die immer wieder aufgetretenen Herausforderungen sehr erfolgreich bewältigen konnte, wird in Bezug auf die Frage, wie eine große Anzahl an neu Zugewanderten in das berufliche

Bildungssystem einbezogen und in den Ausbildungs- und Arbeitsmarkt integriert werden können, eine völlig neue Dimension eröffnet. Der zentrale Kristallisationspunkt wird sein, inwieweit es gelingt, für sie passende (Aus-)Bildungskonzepte und Beschäftigungsangebote zu schaffen und sie dafür mit den erforderlichen sprachlichen Fertigkeiten auszustatten.

Das bisher in Deutschland vorherrschende Verständnis von Berufsausbildung ist im nichtakademischen Bereich eng mit dem Berufsprinzip und so mit der Vorstellung verbunden, dass sich berufliche Kompetenzen in einem mehrjährigen, zeitlich zusammenhängenden Bildungsgang entwickeln. Für den Eintritt in eine duale Berufsausbildung wird oft pauschalisierend ein dafür erforderliches Mindestniveau mit dem Begriff der Ausbildungsreife zu umschreiben versucht. Allerdings ist das dazu von der BA (2009 – erste Fassung 2005) aufgestellte Kriterienkonstrukt als uniforme Messlatte für die für eine Berufsausbildung mitgebrachten Befähigungen der Bewerberinnen und Bewerber ungeeignet (siehe Dobischat & Schurgatz 2015). Dies berührt die unterschiedlichen Anforderungen der Ausbildungsberufe ebenso wie den individuellen Blick auf die Einzigartigkeit aber auch Entwicklungsfähigkeit potenzieller Auszubildender. Wenn das Konstrukt *Ausbildungsreife* bereits für die jungen Menschen, die in Deutschland eine Schulbildung erworben haben, zum Teil kritisch ist, dann trifft dies umso mehr für Migrantinnen und Migranten zu. Für ihre Integration benötigen sie den Zugang zu Arbeit und Beruf, was langfristig am besten über eine berufliche Bildung gelingt, die jeden Einzelnen so gut qualifiziert, wie es eben geht.

Aufgrund der Bildungsbiografien von neu zugewanderten Schülerinnen und Schülern ist zu vermuten, dass sich für einen Großteil von ihnen beim Eintritt in eine duale Berufsausbildung mit einer mehrjährigen hochqualifizierten Vollausbildung mit hohem Theorieanteil unüberwindbare Herausforderungen auftun. Diese können zunächst aufgrund sprachlicher Defizite im Deutschen, aber auch aufgrund einer teilweise nicht hinreichenden schulischen Grundbildung im Heimatland herrühren. Wenn bisher die Gründe für den Abbruch eines Ausbildungsverhältnisses nahezu nicht der Berufsschule zugeschrieben wurden und demgegenüber betriebliche (70 Prozent), persönliche (46 Prozent) oder berufsbezogene (30 Prozent) Gründe vorherrschten (BMBF 2009, S. 13), ist für die Gruppe der Geflüchteten zu befürchten, dass sie eher an den sprachlichen Anforderungen der Berufsschule im theoretischen Bereich der Berufsausbildung scheitern dürften.

Wenn nun traditionelle Ausbildungsmodelle (dual wie vollschulisch) zumindest für einen größeren Teil der neu Zugewanderten ungeeignet erscheinen, sind alternative Ansätze gefragt. Erfolgversprechend scheint, für diese Zielgruppe stärker auf eine Modularisierung der beruflichen Erstausbildung und zeitliche

Entzerrung zu setzen. Eine teilqualifizierende Berufsausbildung, die zunächst stärker berufspraktische Fähigkeiten betont, sprachlich anspruchsvolle, theoretische Anforderungen begrenzt und daher an den tatsächlich vorhandenen Befähigungen der Adressaten ansetzt, kann den Zugang zum Arbeitsmarkt eröffnen. Mögliche Branchen sind z.B. die bereits genannten Bereiche in der Gastronomie und im Hotelfach, im Lebensmittelhandwerk, im Landschafts- und Gartenbau sowie in Bauberufen. Aber auch Helferberufe in der Kranken- und Altenpflege sind denkbar. Da solche teilqualifizierenden Ansätze bisher zumindest nicht formal anerkannt existieren, müssten sie in möglichst vielen Branchen geschaffen werden. Idealerweise hält ein modulares Konzept die Möglichkeit offen, durchlaufene Module mit weiteren zu verbinden und ähnlich zu der bereits existierenden Stufenausbildung eine Teilqualifizierung in eine vollqualifizierende Berufsausbildung aufzuwerten.

Forschung

Die diesen Ausblick einleitenden Zitate stammen aus den Abschlusskommentaren der Schülerinnen und Schüler am Ende des Fragebogens. Sie zeigen skizzenhaft die Bereitschaft bzw. den Bedarf, mit den Absendern der Befragung noch intensiver ins Gespräch zu kommen. Sie nennen Aspekte, zu denen sie sich über den bearbeiteten Fragebogen hinaus gerne äußern würden, und bringen zum Ausdruck, dass eine kommunikative Situation, in der Rückfragen möglich wären, eher ihren Bedürfnissen entsprechen würde. Das aufgreifend soll diese Publikation mit einem persönlichen Beitrag schließen:

Ein Schüler, zu dem über die Monate der teilnehmenden Beobachtung hinweg ein intensiveres Verhältnis aufgebaut werden konnte, erkundigte sich im Nachgang noch einmal nach dem Sinn und Zweck der Befragung. Die Erklärung, man mache sich momentan viele Gedanken über eine gute Ausbildung von Lehrkräften, damit die Schülerinnen und Schüler möglichst viel Unterstützung erfahren könnten und möchte deshalb über sie, die Schülerinnen und Schüler, gerne etwas mehr erfahren, befriedigte den fragenden Schüler ganz offensichtlich nur bedingt. Er verabschiedet sich schließlich mit den Worten, dass es besser sei zu reden, um sich kennen zu lernen.

Wir geben dem Schüler Recht: Vorliegende Fragebogenerhebung kann nur erste Eckdaten liefern. Sie müssen der Ausgangspunkte für vertiefte qualitative Forschung sein, die sich den Lebenswelten neu zugewanderter Jugendlicher und junger Erwachsener widmet.

Literatur

Ahrenholz, Bernt; Hövelbrinks, Britta; Maak, Diana; Zippel, Wolfgang (2013): „Mehrsprachigkeit an Thüringer Schulen" (MaTS) – Ergebnisse einer Fragebogenerhebung zu Mehrsprachigkeit an Erfurter Schulen. In: Ingelore Oomen-Welke (Hg.): Mehrsprachigkeit in der Klasse wahrnehmen – aufgreifen – fördern. Stuttgart: Fillibach bei Klett, S. 43–57.

Ahrenholz, Bernt; Maak, Diana (2013): Zur Situation von SchülerInnen nichtdeutscher Herkunftssprache in Thüringen unter besonderer Berücksichtigung von Seiteneinsteigern. Abschlussbericht zum Projekt „Mehrsprachigkeit an Thüringer Schulen (MaTS)".

Anderson, Philip (2013): „Gute Argumente für eine dauerhafte Anerkennung". In: *Magazin Mitbestimmung* (12).

Artelt, Cordula; Wirth, Joachim (2014): Kognition und Metakognition. In: Andreas Krapp und Tina Seidel (Hg.): Pädagogische Psychologie. Weinheim: Beltz, S. 167–192.

Auswärtiges Amt (2015): Deutsch als Fremdsprache weltweit. Datenerhebung 2015.

Backes Laura (2015): Ausgerechnet Bayern. In: *taz*, 08.01.2015.

BA [Bundesagentur für Arbeit] (2015): Der Arbeitsmarkt in Deutschland. Fachkräfteengpassanalyse. Stand: Juli 2015. Nürnberg.

BAMF [Bundesamt für Migration und Flüchtlinge] (2010): Repräsentativbefragung „Ausgewählte Migrantengruppen in Deutschland 2006/2007" (RAM). Zur Situation der fünf größten in Deutschland lebenden Ausländergruppen. Basisbericht: Berichtsband & Tabellenband.

BAMF [Bundesamt für Migration und Flüchtlinge] (2015): Aktuelle Zahlen zu Asyl. Ausgabe: Dezember 2015.

BAMF [Bundesamt für Migration und Flüchtlinge] (2016a): Migrationsbericht des Bundesamtes für Migration und Flüchtlinge im Auftrag der Bundesregierung. Migrationsbericht 2014.

BAMF [Bundesamt für Migration und Flüchtlinge] (2016b): BAMF-Kurzanalyse. Asylberechtigte und anerkannte Flüchtlinge in Deutschland. Qualifikationsstruktur, Arbeitsmarktbeteiligung und Zukunftsorientierung.

BAMF [Bundesamt für Migration und Flüchtlinge] (2016c): Asylgeschäftsstatistik für den Monat Dezember 2015.

Baumann, Barbara; Becker-Mrotzek, Michael (2014): Sprachförderung und Deutsch als Zweitsprache an deutschen Schulen: Was leistet die Lehrerbildung?

Überblick, Analyse und Handlungsempfehlungen. Köln: Mercator-Institut für Sprachförderung und Deutsch als Zweitsprache.

Baur, Rupprecht; Chlosta, Christoph; Ostermann, Torsten (2004): „Was sprecht ihr vornehmlich zu Hause?". In: *Essener Unikate* (24), S. 96–106.

Baur, Rupprecht et al. (2009): Modul „Deutsch als Zweitsprache" (DaZ) im Rahmen der neuen Lehrerausbildung in Nordrhein-Westfalen: Stiftung Mercator.

Baur, Rupprecht; Chlosta, Christoph; Huber, Emel; Ostermann, Torsten; Schroeder, Christoph (2001): Was Kinder sprechen! Überlegungen zu einer Sprachenerhebung an Essener Grundschulen. In: *Essener Linguistische Skripte* 1 (2), S. 75–89.

Beicht, Ursula (2015): Berufsorientierung und Erfolgschancen von Jugendlichen mit Migrationshintergrund am Übergang Schule – Ausbildung im Spiegel aktueller Studien. In: Albert Scherr (Hg.): Diskriminierung migrantischer Jugendlicher in der beruflichen Bildung. Stand der Forschung, Kontroversen, Forschungsbedarf. Weinheim: Beltz Juventa, S. 82–114.

Berg, Wilhelmine; Grünhage-Monetti, Matilde (2009): „Zur Integration gehört Spaß, Witz, Ironie, 'ne Sprache, die Firmensprache". Sprachlich kommunikative Anforderungen am Arbeitsplatz. In: *Deutsch als Zweitsprache* (4), S. 7–20.

BMBF [Bundesministerium für Bildung und Forschung] (2009): Ausbildungsabbrüche vermeiden – neue Ansätze und Lösungsstrategien.

BMBF [Bundesministerium für Bildung und Forschung] (2015a): Berufsbildungsbericht 2015.

BMBF [Bundesministerium für Bildung und Forschung] (2015b): Datenreport zum Berufsbildungsbericht 2015. Informationen und Analysen zur Entwicklung der beruflichen Bildung.

Boos-Nünning, Ursula; Karakaşoğlu-Aydın, Yasemin (2005): Viele Welten leben. Zur Lebenssituation von Mädchen und jungen Frauen mit Migrationshintergrund. Münster: Waxmann.

Brizić, Katharina (2007): Das geheime Leben der Sprachen. Gesprochene und verschwiegene Sprachen und ihr Einfluss auf den Spracherwerb in der Migration. Münster: Waxmann.

Brizić, Katharina; Lo Hufnagl, Claudia (2011): „Multilingual Cities". Bericht zur Sprachenerhebung in den 3. und 4. Volksschulklassen.

Broeder, Peter; Extra, Guus (1999): Language, Ethnicity and Education. Case Studies on Immigrant Minority Groups and Immigrant Minority Languages. Clevedon, UK: Multilingual Matters (Multilingual matters, 111).

Chlosta, Christoph; Ostermann, Torsten (2005): Sprachenvielfalt in der Grundschule. In: Horst Bartnitzky (Hg.): Deutsch als Zweitsprache lernen. Frankfurt am Main: Grundschulverband – Arbeitskreis Grundschule (Beiträge zur Reform der Grundschule, 120), S. 33–43.

Chlosta, Christoph; Ostermann, Torsten (2006): Zur Gestaltung und Begleitung einer fragebogengestützen Erhebung bei Grundschulkindern. In: Bernt Ahrenholz und Ernst Apeltauer (Hg.): Zweitspracherwerb und curriculare Dimensionen. Empirische Untersuchungen zum Deutschlernen in Kindergarten und Grundschule. Tübingen: Stauffenburg (Forum Sprachlehrforschung, Bd. 6), S. 55–72.

Chlosta, Christoph; Ostermann, Torsten (2007): Warum fragt man nach der Herkunft, wenn man die Sprache meint? Ein Plädoyer für eine Aufnahme sprachbezogener Fragen in demographische Untersuchungen. In: BMBF [Bundesministerium für Bildung und Forschung] (Hg.): Migrationshintergrund von Kindern und Jugendlichen: Wege zur Weiterentwicklung der amtlichen Statistik, S. 55–65.

Chlosta, Christoph; Ostermann, Torsten (2010): Grunddaten zur Mehrsprachigkeit im deutschen Bildungssystem. In: Bernt Ahrenholz und Ingelore Oomen-Welke (Hg.): Deutsch als Zweitsprache. Baltmannsweiler: Schneider Hohengehren (Deutschunterricht in Theorie und Praxis (DTP); Handbuch zur Didaktik der deutschen Sprache und Literatur in elf Bänden, 9), S. 17–30.

Chlosta, Christoph; Ostermann, Torsten; Schroeder, Christoph (2003): Die „Durchschnittsschule" und ihre Sprachen: Ergebnisse des Projekts Sprachenerhebung Essener Grundschulen (SPREEG). In: *Essener Linguistische Skripte* 3 (1), S. 43–139.

Cwiertnia, Laura (2015): Die Bildungsbürger. Junge Asylbewerber haben in Deutschland kaum eine Chance auf einen Schulabschluss. Ausgerechnet in Bayern ist das anders. In: *Zeit Online*, 28.05.2015.

Decker, Yvonne; Schnitzer, Katja (2012): FreiSprachen – Eine flächendeckende Erhebung der Sprachenvielfalt an Freiburger Grundschulen. In: Werner Knapp und Bernt Ahrenholz (Hg.): Sprachstand erheben – Spracherwerb erforschen. Beiträge aus dem 6. Workshop „Kinder mit Migrationshintergrund", 2010. Stuttgart: Fillibach bei Klett, S. 95–111.

DGVN [Deutsche Gesellschaft für die Vereinten Nationen e.V.] (2014): Bericht über die menschliche Entwicklung. Den menschlichen Fortschritt dauerhaft sichern: Anfälligkeit verringern, Widerstandskraft stärken. Bonn: UNO-Verlag.

Dobischat, Rolf; Schurgatz, Robert (2015): „Mangelnde Ausbildungsreife": ein Grund für den gescheiterten Übergang in die Ausbildung? In: *ARCHIV für Wissenschaft und Praxis der sozialen Arbeit* (3), S. 48–58.

Eberhard, Verena; Beicht, Ursula; Krewerth, Andreas; Ulrich, Joachim Gerd (2013): Perspektiven beim Übergang Schule – Berufsausbildung. Methodik und erste Ergebnisse aus der BIBB-Übergangsstudie 2011: Bundesinstitut für Berufsbildung (Wissenschaftliche Diskussionspapiere, 142).

Efing, Christian (2013): Sprachlich-kommunikative Anforderungen in der betrieblichen Ausbildung. In: Christian Efing (Hg.): Ausbildungsvorbereitung im Deutschunterricht der Sekundarstufe I. Die sprachlich-kommunikativen Facetten von „Ausbildungsfähigkeit". Frankfurt am Main: Peter Lang, S. 123–145.

Extra, Guus; Yağmur, Kutlay (2004): Urban multilingualism in Europe. Immigrant minority languages at home and school. Clevedon, UK: Multilingual Matters (Multilingual matters, 130).

Flick, Uwe; Kardorff, Ernst von; Steinke, Ines (Hg.) (2013): Qualitative Forschung. Ein Handbuch. Reinbek: Rowohlt.

Foda, Fadia; Kadur, Monika (2005): Flüchtlingsfrauen – Verborgene Ressourcen. Berlin: Deutsches Institut für Menschenrechte.

Franceschini, Rita (2002): Sprachbiographien: Erzählungen über Mehrsprachigkeit und deren Erkenntnisinteresse für die Spracherwerbsforschung und die Neurobiologie der Mehrsprachigkeit. In: Kirsten Adamzik und Eva Roos (Hg.): Bulletin suisse de linguistique appliquée. Biografie linguistiche – Biographies langagières – Biografias linguisticas – Sprachbiografien (76), S. 19–33.

Fürstenau, Sara; Gogolin, Ingrid; Yağmur, Kutlay (Hg.) (2003): Mehrsprachigkeit in Hamburg. Ergebnisse einer Sprachenerhebung an den Grundschulen in Hamburg. Münster: Waxmann.

Fürstenau, Sara; Gomolla, Mechthild (Hg.) (2011): Migration und schulischer Wandel: Mehrsprachigkeit. Wiesbaden: VS Verlag für Sozialwissenschaften.

Gillen, Gabriele (2015): Warum? Woher? Wohin? Menschen auf der Flucht – ein erster Überblick. In: Anja Reschke (Hg.): Und das ist erst der Anfang. Deutschland und die Flüchtlinge. Reinbek: Rowohlt Taschenbuch, S. 41–54.

Graßmann, Regina (2011): Zwei- und Mehrsprachigkeit bei Integrationskursteilnehmern. Eine sprachbiografische Analyse. Frankfurt am Main: Peter Lang (Bd. 2011).

Haarmann, Harald (2002): Sprachenalmanach. Zahle und Fakten zu allen Sprachen der Welt. Frankfurt am Main: Campus.

Habekuß, Fritz; Schmitt, Stefan (2015): Wozu ein Handy? In: *Zeit Online* 2015, 01.10.2015.

Hildebrand, Kathleen (2015): Wort des Jahres: Warum „Flüchtlinge" abschätzig ist. In: *SZ.de*, 11.12.2015.

Hoodgarzadeh, Mahzad (2010): Meine Muttersprache(n) bestimme ich selbst! Erste Ergebnisse einer Studie zum Verständnis des Muttersprachenbegriffs aus Sicht von Jugendlichen mit Einwanderungshintergrund. In: *Deutsch als Zweitsprache* (3), S. 37–47.

Hopp, Holger; Thoma, Dieter; Tracy, Rosemarie (2010): Sprachförderkompetenz pädagogischer Fachkräfte. Ein sprachwissenschaftliches Modell. In: *Zeitschrift für Erziehungswissenschaft* 13 (4), S. 609–629.

Hufeisen, Britta (2003): Kurze Einführung in die linguistische Basis. In: Britta Hufeisen und Gerhard Neuner (Hg.): Mehrsprachigkeitskonzept, Tertiärsprachen, Deutsch nach Englisch. Dt. Ausg. Strasbourg: Council of Europe Publ, S. 7–11.

IAB [Institut für Arbeitsmarkt- und Berufsforschung] (2005): Projektion des Arbeitsangebots bis 2050 (Kurzbericht, 11).

IAB [Institut für Arbeitsmarkt- und Berufsforschung] (2015a): Flüchtlingseffekte auf das Erwerbspersonenpotenzial (Aktuelle Berichte, 17).

IAB [Institut für Arbeitsmarkt- und Berufsforschung] (2015b): Flüchtlinge und andere Migranten am deutschen Arbeitsmarkt: Der Stand im September 2015 (Aktuelle Berichte, 14).

IQ-Facharbeitskreis Kompetenzfeststellung (2008): Praxishandreichung. Qualitätsstandards und migrationsspezifische Instrumente zur Kompetenzfeststellung und Profiling.

ISB [Staatsinstitut für Schulqualität und Bildungsforschung] (2012): Berufssprache Deutsch. Handreichung zur Förderung der beruflichen Sprachkompetenz von Jugendlichen in der Ausbildung.

ISB [Staatsinstitut für Schulqualität und Bildungsforschung] (2015): Beschulung von berufsschulpflichtigen Asylbewerbern und Flüchtlingen an bayerischen Schulen.

Kleist, J. Olaf (2015): Über Flucht forschen. Herausforderungen der Flüchtlingsforschung. In: *PERIPHERIE. Zeitschrift für Politik und Ökonomie in der Dritten Welt* 35 (138/139), S. 150–169.

KM [Bayerisches Staatsministerium für Bildung und Kultus, Wissenschaft und Kunst]: Schreiben des Staatsministeriums vom 24.07.2014 (VII.1-5 S 9210-1-7b.072 959).

KMK [Sekretariat der Kultusministerkonferenz] (Beschluss vom 1995 i. d. F. vom 2013): Rahmenvereinbarung über die Ausbildung und Prüfung für ein Lehramt der Sekundarstufe II (berufliche Fächer) oder für die beruflichen Schulen (Lehramtstyp 5).

Kucher, Katharina; Wacker, Nadine (2011): Kompetenzfeststellung für Migrantinnen und Migranten – Ansatzpunkte, Problemfelder und Handlungsperspektiven. In: Mona Granato, Dieter Münk und Reinhold Weiß (Hg.): Migration als Chance. Ein Beitrag der beruflichen Bildung. Bielefeld: Bertelsmann (9), S. 161–174.

Lamnek, Siegfried (2010): Qualitative Sozialforschung. Lehrbuch. Weinheim, Basel: Beltz.

Maak, Diana (2014): „es WÄre SCHÖN, wenn es nich (.) OFT so diese RÜCKLschläge gäbe" – Eingliederung von SeiteneinsteigerInnen mit Deutsch als Zweitsprache in Thüringen. In: Bernt Ahrenholz und Patrick Grommes (Hg.): Zweitspracherwerb im Jugendalter. Berlin: De Gruyter, S. 319–337.

Maak, Diana; Zippel, Wolfgang; Ahrenholz, Bernt (2013): „Manche fragen wahren schwer aber sonst war es okey" – Methodische Aspekte der Befragung von GrundschülerInnen am Beispiel von „Mehrsprachigkeit an Thüringer Schulen" (MaTS). In: Yvonne Decker-Ernst und Ingelore Oomen-Welke (Hg.): Deutsch als Zweitsprache: Beiträge zur durchgängigen Sprachbildung. Beiträge aus dem 8. Workshop „Kinder mit Migrationshintergrund" 2012. Stuttgart: Fillibach bei Klett, S. 95–118.

Massumi, Mona; Dewitz, Nora von; et al. (2015): Neu zugewanderte Kinder und Jugendliche im deutschen Schulsystem. Bestandsaufnahme und Empfehlungen. Köln: Mercator-Institut für Sprachförderung und Deutsch als Zweitsprache; Zentrum für LehrerInnenbildung der Universität zu Köln.

Mayer, Horst O. (2013): Interview und schriftliche Befragung. Grundlagen und Methoden empirischer Sozialforschung. München: Oldenbourg.

Michalak, Magdalena; Lemke, Valerie; Goeke, Marius (2015): Sprache im Fachunterricht. Eine Einführung in DaZ und sprachsensiblen Unterricht. Tübingen: Narr Francke Attempto (Narr Studienbücher).

Mirbach, Thomas; Triebl, Katrin; Benning, Christina (2014): Auswertung Qualifikationserhebung. 2. Befragung zur Qualifikation der Teilnehmenden der Projekte des ESF-Bundesprogramms zur arbeitsmarktlichen Unterstützung für Bleibeberechtigte und Flüchtlinge mit Zugang zum Arbeitsmarkt II. Zwischenauswertung im Rahmen der Programmevaluation: Lawaetz-Sitftung.

Nida-Rümelin, Julian (2015): Akademisierungswahn. Plädoyer für eine Umkehr der Bildungspolitik. In: *Forschung & Lehre* (1), S. 16–18.

Niedrig, Heike (2015): Ausländer und Flüchtlinge. Eine postkoloniale Diskursanalyse. In: İnci Dirim, Ingrid Gogolin, Dagmar Knorr, Marianne Krüger-Potratz, Drorit Lengyel, Hans H. Reich und Wolfram Weiße (Hg.): Impulse für die Migrationsgesellschaft. Bildung, Politik und Religion. Münster: Waxmann (Bildung in Umbruchsgesellschaften, Bd. 12), S. 27–36.

OECD [Organisation for Economic Co-operation and Development) (2015): Universal Basic Skills: What Countries Stand to Gain. OECD Publishing.

Ohm, Udo (2008): Zweitsprachenerwerb als Erfahrung. Eine qualitativ-explorative Untersuchung auf der Basis narrativer Interviews. Jena: Friedrich-Schiller-Universität, Habil.

Ohm, Udo (2015): Sprache lernen und erwerben. Hg. vom Beirat Sprache Goethe-Institut (Standpunkte zum Lernen und Lehren von Deutsch als Fremdsprache). Online verfügbar unter https://www.goethe.de, zuletzt geprüft am 26.01.2016.

Parusel, Bernd (2015): Schweden. Ein Vorbild bei der Integration? In: Anja Reschke (Hg.): Und das ist erst der Anfang. Deutschland und die Flüchtlinge. Reinbek: Rowohlt Taschenbuch, S. 310–317.

Porst, Rolf (2014): Fragebogen. Ein Arbeitsbuch. Wiesbaden: Springer VS.

QuaS [Projekt „Qualitätsrahmen Sprache – für jugendliche Asylsuchende und Flüchtlinge"] (2014): Konzepte der Verbundschulen. Unveröffentlichtes Manuskript.

Riedl, Alfred (2011): Didaktik der beruflichen Bildung. Stuttgart: Steiner.

Riedl, Alfred; Schelten, Andreas (2013): Grundbegriffe der Pädagogik und Didaktik beruflicher Bildung. Stuttgart: Steiner.

Robert Bosch Stiftung GmbH (2015): Themendossier Zugang zu Bildungseinrichtungen für Flüchtlinge: Kindertagesstätten, Schulen und Hochschulen.

Saal, Olga; Terrasi-Haufe, Elisabetta (im Druck): Zur Anwendung von Dynamic Assessment im DaZ-Unterricht mit berufsschulpflichtigen Asylbewerbern und Flüchtlingen (BAF). Tagungsband FaDaF 2015.

Schroeder, Joachim; Seukwa, Louis Henri (2007): Flucht – Bildung – Arbeit. Fallstudien zur beruflichen Qualifizierung von Flüchtlingen. Karlsruhe: von Loeper-Literaturverlag.

Settelmeyer, Anke (2011): Haben Personen mit Migrationshintergrund interkulturelle Kompetenz? In: Mona Granato, Dieter Münk und Reinhold Weiß (Hg.): Migration als Chance. Ein Beitrag der beruflichen Bildung. Bielefeld: Bertelsmann (9), S. 143–160.

Seukwa, Louis Henri (2006): Der Habitus der Überlebenskunst. Zum Verhältnis von Kompetenz und Migration im Spiegel von Flüchtlingsbiographien. Münster: Waxmann (Bildung in Umbruchsgesellschaften, Bd. 5).

Streinz, Andreas (2015): Berufsschulpflichtige Asylbewerber und Flüchtlinge an bayerischen Berufsschulen. In: *Die Berufsbildende Schule* 67 (4), S. 131–138.

SVR [Sachverständigenrat deutscher Stiftungen für Integration und Migration] (2015a): Fakten zur Einwanderung in Deutschland.

SVR [Sachverständigenrat deutscher Stiftungen für Integration und Migration] (2015b): Junge Flüchtlinge. Aufgaben und Potenziale für das Aufnahmeland.

Terrasi-Haufe, Elisabetta; Baumann, Barbara (im Druck): „Ich will Ausbildung lernen damit im zukunft arbeiten kann" – Sprachvermittlung und Ausbildungsvorbereitung für Flüchtlinge an Berufsschulen. In: *ÖDaF 1/2016*.

Treibel, Annette (2011): Migration in modernen Gesellschaften. Soziale Folgen von Einwanderung, Gastarbeit und Flucht. Weinheim: Juventa-Verlag (Grundlagentexte Soziologie).

Ulrich, Joachim Gerd (2015): Der institutionelle Rahmen des Zugangs in duale Berufsausbildung und seine Folgen für die Bildungschancen von Jugendlichen. In: Albert Scherr (Hg.): Diskriminierung migrantischer Jugendlicher in der beruflichen Bildung. Stand der Forschung, Kontroversen, Forschungsbedarf. Weinheim: Beltz Juventa, S. 54–79.

UNHCR [United Nations High Commissioner for Refugees] (2015a): Global Trends. Forced Displacement in 2014.

UNHCR [United Nations High Commissioner for Refugees] (2015b): Mid-Year Trends 2015.

Weber, Doris (2014): Die Beschulung von Flüchtlingen an Berufsschulen. Modellprojekt in Nürnberg. In: *DDS – Zeitschrift der Gewerkschaft Erziehung und Wissenschaft Landesverband Bayern*, S. 14–15.

Weber, Lena (2015): Evaluation des Teilstudiengangs „Sprache und Kommunikation Deutsch" als Unterrichtsfach für das Lehramt an beruflichen Schulen an der Technischen Universität München: unveröffentlichte Masterarbeit.

Weinhart, Martin (2015): Eichstätt und seine Flüchtlinge (Unter unserem Himmel). *BR*, 18.01.2015.

Wößmann, Ludger (2016): Integration durch Bildung. In: *Forschung und Lehre* (1), S. 10–13.

Lehrwerke

Schritte plus (2009). Ismaning: Hueber.

Von A bis Z – Alphabetisierungskurs. Deutsch als Zweitsprache für Erwachsene (2011). Stuttgart: Klett Sprachen.

Von A bis Z – Alphabetisierungskurs. Alpha-Portfolio A1 (2012). Stuttgart: Klett Sprachen.

Rechtsgrundlagen

AsylG [Asylgesetz].

AufenthG [Gesetz über den Aufenthalt, die Erwerbstätigkeit und die Integration von Ausländern im Bundesgebiet].

BayDSG [Bayerisches Datenschutzgesetz].

BayEUG [Bayerisches Gesetz über das Erziehungs- und Unterrichtswesen].

EMRK [Die Europäische Menschenrechtskonvention].
FreizügG/EU [Gesetz über die allgemeine Freizügigkeit von Unionsbürgern].
GG [Grundgesetz für die Bundesrepublik Deutschland].
Grundrechtecharta [Charta der Grundrechte der Europäischen Union].
UNHCR [United Nations High Commissioner for Refugees]: Abkommen über die Rechtsstellung der Flüchtlinge vom 28. Juli 1951. Protokoll über die Rechtsstellung der Flüchtlinge vom 31. Januar 1967.

Verzeichnis der Tabellen

Tabelle 1: Dokumentation des Pretestverfahrens..40
Tabelle 2: Überblick über die Themenkomplexe und die erfragten Inhalte des Fragebogens..42
Tabelle 3: Hauptherkunftsländer von Geflüchteten in Bayern in der 2. Jahreshälfte 2014 und die in den Ländern am häufigsten gesprochenen Sprachen..44
Tabelle 4: Kategoriensystem zum Item *Möchtest du uns noch etwas sagen? Schreib es hier auf*..52
Tabelle 5: Geschlechterverteilung..57
Tabelle 6: Heimatkontinente..59
Tabelle 7: Lebenssituation in Deutschland..64
Tabelle 8: In der Schule der Heimat neu gelernte Sprachen..77
Tabelle 9: Analphabetismus bei Ankunft in Deutschland..78

Verzeichnis der Abbildungen

Abbildung 1:   Neu zugewanderte Schülerinnen und Schüler an Bayerns Berufsschulen seit dem Schuljahr 2010/11 27
Abbildung 2:   Aufenthaltsdauer in Deutschland 55
Abbildung 3:   Heimatländer 58
Abbildung 4:   Anteil an Schülerinnen und Schülern aus Afghanistan in den einzelnen Regierungsbezirken im Verhältnis zur jeweiligen Gesamtschülerschaft 63
Abbildung 5:   Familienmitglieder in Deutschland 64
Abbildung 6:   Muttersprachen mit mindestens zehn Nennungen 66
Abbildung 7:   Sprachenvielfalt in den vier Fertigkeiten mit mindestens 20 Nennungen 72
Abbildung 8:   Sprachen in der Schule des Heimatlandes mit mindestens zehn Nennungen 74
Abbildung 9:   Sprachlernwünsche in Bezug auf Arabisch, Englisch, Französisch und Spanisch 79
Abbildung 10: Weitere Sprachlernwünsche 79
Abbildung 11: Gründe für Sprachlernwünsche 80
Abbildung 12: Dauer des Spracherwerbs Deutsch 81
Abbildung 13: Hilfestellungen beim Deutschlernen 83
Abbildung 14: Deutschzertifikate 86
Abbildung 15: Lernorte für das Deutsche 88
Abbildung 16: Schuljahre in der Heimat 90
Abbildung 17: Schuljahre in der Heimat, männliche Schüler – weibliche Schülerinnen 95
Abbildung 18: Schuljahre in ausgewählten Heimatländern 96
Abbildung 19: Schulbildung in der Heimat 100
Abbildung 20: Arbeitserfahrung in der Heimat mit mindestens fünf Nennungen 103
Abbildung 21: Aktuelle Berufswünsche mit mindestens fünf Nennungen 106
Abbildung 22: Aktuelle Berufsbranchenwünsche, männliche Schüler – weibliche Schülerinnen 109
Abbildung 23: Frühere Berufsbranchenwünsche 111
Abbildung 24: Schlusskommentare 114

Abbildung 25: Fragebogenausschnitt zum Item *Warst du in deinem Heimatland in einer Schule?* mit *Nein.* als gewählte Antwort 124

Abbildung 26: Fragebogenausschnitt zum Item *Warst du in deinem Heimatland in einer Schule?* mit *Ja.* als gewählte Antwort 125

Verzeichnis der Abkürzungen

Abb.	Abbildung
Abs.	Absatz
Art.	Artikel
BA	Bundesagentur für Arbeit
BiBB	Bundesinstitut für Berufsbildung
BiSS	Bund-Länder Initiative „Bildung durch Sprache und Schrift"
EDV	Elektronische Datenverarbeitung
et al.	in bibliografischen Angaben Ausdruck für *und andere*
Eurostat	Abkürzung für das Statistische Amt der Europäischen Union
f.	folgende Seite
ff.	folgende Seiten
IQ	Förderprogramm *Integration durch Qualifizierung*
ISB	Staatsinstitut für Schulqualität und Bildungsforschung
KMK	Kultusministerkonferenz
OECD	Organisation for Economic Co-operation and Development
S.	Seite
S./s.	siehe
Sek I	Sekundarstufe I
Sek II	Sekundarstufe II
SPSS	Statistik- und Analysesoftware
SVR	Sachverständigenrat deutscher Stiftungen für Integration und Migration
telc (GmbH)	Sprachtestanbieter; telc steht für *The European Language Certificates*
vs.	versus; meint *im Vergleich zu*

Verzeichnis der Anhänge

Anhang 1:	Fragebogen	148
Anhang 2:	Heimatländer	153
Anhang 3:	Muttersprachen	154
Anhang 4:	Sprachenvielfalt	155
Anhang 5:	Sprachen in der Schule des Heimatlandes	156
Anhang 6:	In der Schule der Heimat neu gelernte Sprachen	157
Anhang 7:	Schulbildung in der Heimat	158
Anhang 8:	Arbeitserfahrungen in der Heimat	159
Anhang 9:	Aktuelle Berufswünsche	161
Anhang 10:	Frühere Berufswünsche	164

Anhang 1: Fragebogen

* bzw. ** bzw. *** markiert die jeweilige Filterführung.

Deine Sprachen

Was ist deine Muttersprache?
(Wenn du mehrere Muttersprachen hast, nenne alle.)

O Arabisch	O Bosnisch	O Dari
O Englisch	O Farsi	O Französisch
O Hausa	O Igbo	O Kurdisch/Kurmanci
O Paschto	O Russisch	O Serbisch
O Serere-Sine	O Somali	O Tigrinya
O Ukrainisch	O Wolof	O Yoruba
O eine andere Sprache*		

*****Meine Muttersprache ist:** ....

Welche Sprachen kannst du sprechen?

O Arabisch	O Bosnisch	O Dari
O Deutsch	O Englisch	O Farsi
O Französisch	O Hausa	O Igbo
O Kurdisch/Kurmanci	O Paschto	O Russisch
O Serbisch	O Serere-Sine	O Somali
O Tigrinya	O Ukrainisch	O Wolof
O Yoruba	O eine andere Sprache*	

*****Ich kann auch noch diese Sprache(n) sprechen:** ....

Welche Sprachen kannst du verstehen?

O Arabisch	O Bosnisch	O Dari
O Deutsch	O Englisch	O Farsi
O Französisch	O Hausa	O Igbo
O Kurdisch/Kurmanci	O Paschto	O Russisch
O Serbisch	O Serere-Sine	O Somali
O Tigrinya	O Ukrainisch	O Wolof
O Yoruba	O eine andere Sprache*	

*****Ich kann auch noch diese Sprache(n) verstehen:** ....

Hast du in deinem Heimatland lesen gelernt?   O Ja.   O Nein.*

*****Wo hast du lesen gelernt?**   O In Deutschland.
                                     O In einem anderen Land.**

******Wo hast du lesen gelernt?** ....

Hast du in deinem Heimatland schreiben gelernt?	O Ja.	O Nein.*
*Wo hast du schreiben gelernt?	O In Deutschland.	
	O In einem anderen Land.**	

**Wo hast du schreiben gelernt? ....

In welchen Sprachen kannst du <u>schreiben</u>?

O Arabisch	O Bosnisch	O Dari
O Deutsch	O Englisch	O Farsi
O Französisch	O Hausa	O Igbo
O Kurdisch/Kurmanci	O Paschto	O Russisch
O Serbisch	O Serere-Sine	O Somali
O Tigrinya	O Ukrainisch	O Wolof
O Yoruba	O eine andere Sprache*	

*Ich kann auch noch in diesen Sprache(n) <u>schreiben</u>: ....

In welchen Sprachen kannst du <u>lesen</u>?

O Arabisch	O Bosnisch	O Dari
O Deutsch	O Englisch	O Farsi
O Französisch	O Hausa	O Igbo
O Kurdisch/Kurmanci	O Paschto	O Russisch
O Serbisch	O Serere-Sine	O Somali
O Tigrinya	O Ukrainisch	O Wolof
O Yoruba	O eine andere Sprache*	

*Ich kann auch noch in diesen Sprache(n) <u>lesen</u>: ....

Wie lange lernst du schon Deutsch?	O 0 Monate – 6 Monate
(in einem Sprachkurs, in der Schule)	O 7 Monate – 12 Monate
	O 13 Monate – 18 Monate
	O 19 Monate – 24 Monate
	O 2 Jahre – 3 Jahre
	O mehr als 3 Jahre

Wo hast du Deutsch gelernt? ....

Hast du ein Deutschzertifikat?	O Ja. *	O Nein.	O Ich weiß nicht.
*Welches Niveau hat dein Deutschzertifikat?	O A1	O A2	O B1
	O B2	O Ich weiß nicht.	

*Wie heißt dein Deutschzertifikat? ....

Das hilft mir beim Deutschlernen:

	sehr	ein bisschen	nicht
Berufsschule	O	O	O
Freunde	O	O	O
Familie	O	O	O
Menschen, die ich treffe (beim Einkaufen, beim Sport…)	O	O	O
Internet	O	O	O
Computer	O	O	O
Handy	O	O	O
Fernseher	O	O	O
Nachrichten	O	O	O
Filme	O	O	O
Bücher	O	O	O
Zeitungen	O	O	O
Radio	O	O	O

Beim Deutschlernen hilft mir auch: ………………………………………………………

Willst du noch neue Sprachen lernen?   O Ja. *   O Nein.   O Ich weiß nicht.

*Welche Sprache(n) möchtest du noch lernen?
O Arabisch   O Englisch   O Französisch
O Spanisch   O eine andere Sprache**

**Welche Sprache(n) möchtest du noch lernen? ……………………………………

*Warum willst du diese Sprache(n) lernen? ……………………………………………

Dein Schulbesuch

Warst du in deinem Heimatland in einer Schule?   O Ja.*   O Nein.   O Ich weiß nicht.

*Wie lange warst du in deinem Heimatland in der Schule? ………………………

*In welcher Schule warst du in deinem Heimatland? ………………………………

*In welcher Sprache hat dein Lehrer in deinem Heimatland gesprochen?

O Arabisch	O Bosnisch	O Dari
O Englisch	O Farsi	O Französisch
O Hausa	O Igbo	O Kurdisch/Kurmanci
O Paschto	O Russisch	O Serbisch
O Serere-Sine	O Somali	O Tigrinya
O Ukrainisch	O Wolof	O Yoruba
O eine andere Sprache**		

**Der Lehrer hat in dieser Sprache gesprochen: ……………………………………

*Hast du in der Schule in deinem Heimatland
eine neue Sprache gelernt?   O Ja.**   O Nein.   O Ich weiß nicht.

**Welche Sprache(n) hast du in der Schule in deinem Heimatland neu gelernt?
O Englisch   O eine andere Sprache***

***Ich habe in der Schule diese Sprache(n) neu gelernt: ....

Informationen über dich

Bist du ein Mann oder eine Frau?   O ein Mann   O eine Frau

Was ist dein Heimatland?
O Afghanistan   O Bosnien   O Irak
O Eritrea   O Nigeria   O Senegal
O Serbien   O Somalia   O Syrien
O Ukraine   O Ich habe ein anderes
                         Heimatland.*

*Mein Heimatland ist: ....

Wie lange bist du schon in Deutschland?   O 0 Monate – 6 Monate
                                                O 7 Monate – 12 Monate
                                                O 13 Monate – 18 Monate
                                                O 19 Monate – 24 Monate
                                                O 2 Jahre – 3 Jahre
                                                O mehr als 3 Jahre

Bist du allein in Deutschland?   O Ja.   O Nein.*   O Das möchte ich nicht sagen.

***Wer ist mit dir in Deutschland?**
O Mutter   O Vater   O Schwester
O Bruder   O Oma/Opa   O Tante/Onkel
O andere Menschen**

****Wer ist mit dir in Deutschland?** ....

Dein Beruf

Was ist jetzt dein Berufswunsch? ....

Hattest du früher einen anderen
Berufswunsch?   O Ja.*   O Nein.   O Ich weiß nicht.

*Was war früher dein Berufswunsch? ....

Hast du in deinem Heimatland gearbeitet?   O Ja.*   O Nein.   O Ich weiß nicht.

*Was hast du in deinem Heimatland gearbeitet? ....

Zum Schluss...

Du hast alle Fragen beantwortet, vielen Dank!

Möchtest du uns noch etwas sagen? Schreib es hier auf:

....
....
....
....

Vielen Dank, dass du mitgemacht hast!

Drück bitte auf „Absenden". Deine Antworten kommen dann zu uns an die Universität in München.

Anhang 2: Heimatländer

	Heimatland	Anzahl der Nennungen
1	Afghanistan	207
2	Somalia	37
3	Irak	33
4	Äthiopien	28
5	Pakistan	28
6	Syrien	22
7	Nigeria	17
8	Iran	14
9	Griechenland	11
10	Sierra Leone	10
11	Tschetschenien	10
12	Polen	9
13	Eritrea	8
14	Senegal	8
15	Kongo	7
16	Bulgarien	6
17	Rumänien	6
18	Ukraine	6
19	Ägypten	5
20	Italien	5
21	Tschechische Republik	5
22	Albanien	4
23	Kosovo	4

	Heimatland	Anzahl der Nennungen
24	Mazedonien	4
25	Ungarn	4
26	Aserbaidschan	3
27	Bangladesch	3
28	Indien	3
29	Armenien	2
30	Gambia	2
31	Mali	2
32	Serbien	2
33	Uganda	2
34	Burkina Faso	1
35	Dominikanische Republik	1
36	Elfenbeinküste	1
37	Georgien	1
38	Ghana	1
39	Kolumbien	1
40	Paraguay	1
41	Peru	1
42	Russland	1
43	Thailand	1
44	Türkei	1
	Gesamt	528

n = 528

Anhang 3: Muttersprachen

	Muttersprache	Anzahl der Nennungen
1	Dari	171
2	Farsi	93
3	Englisch	51
4	Arabisch	47
5	Paschto	47
6	Somali	36
7	Amharisch	26
8	Kurdisch	25
9	Urdu	23
10	Französisch	15
11	Russisch	13
12	Igbo	10
13	Polnisch	9
14	Tschetschenisch	9
15	Wolof	9
16	Griechisch	8
17	Tigrinya	8
18	Albanisch	7
19	Türkisch	7
20	Italienisch	6
21	Ukrainisch	6
22	Bulgarisch	5
23	Deutsch	5
24	Fula	5
25	Panjabi	5
26	Rumänisch	5
27	Spanisch	5
28	Tschechisch	5
29	Hindi	4
30	Ungarisch	4
31	Hazaragi	3
32	Lingala	3
33	Oromo	3
34	Aserbaidschanisch	2
35	Bambara	2
36	Krio	2
37	Mazedonisch	2
38	Serbisch	2
39	Yoruba	2
40	Akwa	1
41	Altgriechisch	1
42	Armenisch	1
43	Bengalisch	1
44	Edo	1
45	Georgisch	1
46	Hausa	1
47	Hindko	1
48	Luganda	1
49	Mandinka	1
50	Mende	1
51	Pashai	1
52	Potohari	1
53	Serere-Sine	1
54	Temne	1
55	Thai	1
	uneindeutig	10
	Gesamt	716

Die Angaben basieren auf n = 529. Aufgrund von Mehrfachnennungen ist die Summe der Angaben > 529.

Anhang 4: Sprachenvielfalt

	Sprache	a	b	c	d		Sprache	a	b	c	d
1	Deutsch	487	453	448	435	34	Krio	2	3	1	4
2	Englisch	345	296	293	259	35	Luganda	2	1	2	2
3	Dari	192	190	183	198	36	Tschechisch	2	0	3	0
4	Farsi	181	166	171	158	37	Yoruba	2	3	2	3
5	Arabisch	171	102	112	85	38	Altgriechisch	1	1	1	1
6	Paschto	87	76	67	74	39	Bambara	1	1	1	1
7	Russisch	40	44	37	34	40	Bengalisch	1	1	1	0
8	Französisch	33	30	24	23	41	Georgisch	1	1	1	2
9	Somali	33	34	32	31	42	Hausa	1	2	1	1
10	Urdu	32	29	25	30	43	Lingala	1	1	1	2
11	Kurdisch	23	28	19	26	44	Luhyla	1	1	1	2
12	Amharisch	15	12	18	11	45	Niederländisch	1	2	1	2
13	Türkisch	14	12	11	12	46	Pashai	1	1	0	0
14	Griechisch	13	12	11	16	47	Potohari	1	0	1	0
15	Italienisch	12	12	12	11	48	Schwedisch	1	1	1	1
16	Serbisch	12	15	11	11	49	Swahili	1	2	1	3
17	Ukrainisch	12	24	11	10	50	Tadschikisch	1	0	1	0
18	Bosnisch	11	10	7	8	51	Thai	1	1	1	0
19	Igbo	10	13	10	13	52	Usbekisch	1	1	1	1
20	Tigrinya	10	11	7	9	53	Assyrisch	0	0	1	0
21	Wolof	9	9	8	10	54	Fula	0	2	0	2
22	Panjabi	8	8	8	8	55	Ikah	0	0	0	1
23	Polnisch	6	7	7	5	56	Japanisch	0	1	0	0
24	Spanisch	6	8	6	5	57	Kikongo	0	0	0	1
25	Albanisch	5	2	6	5	58	Mandinka	0	1	0	2
26	Bulgarisch	5	5	5	4	59	Mende	0	0	0	1
27	Rumänisch	5	4	6	5	60	Oromo	0	1	0	0
28	Mazedonisch	4	4	4	4	61	Romani	0	1	0	1
29	Tschetschenisch	4	3	7	4	62	Serere-Sine	0	1	1	1
30	Hindi	3	8	3	7	63	Slowenisch	0	0	1	1
31	Ungarisch	3	3	3	3	64	Temne	0	1	0	1
32	Armenisch	2	0	2	0		uneindeutig	8	12	9	14
33	Aserbaidschanisch	2	1	3	1		Gesamt	1826	1674	1611	1565

Anzahl der Nennungen: a = lesen, b = verstehen, c = schreiben, d = sprechen
Die Angaben basieren auf n_{lesen} = 529, $n_{verstehen}$ = 516, $n_{schreiben}$ = 520, $n_{sprechen}$ = 517. Aufgrund von Mehrfachnennungen ist die Summe der Angaben jeweils > n.

Anhang 5: Sprachen in der Schule des Heimatlandes

	Schulsprache in der Heimat	Anzahl der Nennungen		Schulsprache in der Heimat	Anzahl der Nennungen
1	Englisch	176	22	Spanisch	5
2	Dari	126	23	Bulgarisch	4
3	Arabisch	85	24	Mazedonisch	4
4	Paschto	82	25	Oromo	4
5	Farsi	81	26	Tschechisch	4
6	Somali	28	27	Aserbaidschanisch	3
7	Urdu	24	28	Ungarisch	3
8	Französisch	23	29	Armenisch	2
9	Russisch	20	30	Deutsch	2
10	Amharisch	19	31	Serbisch	2
11	Kurdisch	14	32	Altgriechisch	1
12	Griechisch	11	33	Bambara	1
13	Tschetschenisch	8	34	Bengalisch	1
14	Albanisch	7	35	Georgisch	1
15	Polnisch	7	36	Hindi	1
16	Tigrinya	7	37	Hindko	1
17	Ukrainisch	7	38	Lingala	1
18	Igbo	6	39	Niederländisch	1
19	Italienisch	5	40	Türkisch	1
20	Panjabi	5		uneindeutig	10
21	Rumänisch	5		Gesamt	798

Die Angaben basieren auf n = 459. Aufgrund von Mehrfachnennungen ist die Summe der Angaben > 459.

Anhang 6: In der Schule der Heimat neu gelernte Sprachen

	Neue Sprache in der Schule	Anzahl der Nennungen
1	Englisch	263
2	Arabisch	32
3	Französisch	26
4	Deutsch	14
5	Russisch	10
6	Paschto	5
7	Dari	3
8	Urdu	3
9	Türkisch	2
10	Amharisch	1
11	Farsi	1
12	Hindko	1
13	Italienisch	1
14	Krio	1
15	Kurdisch	1
16	Oromo	1
17	Serbisch	1
18	Spanisch	1
19	Twi	1
20	Usbekisch	1
	uneindeutig	2
	Gesamt	371

Die Angaben basieren auf n = 305. Aufgrund von Mehrfachnennungen ist die Summe der Angaben > 305.

Anhang 7: Schulbildung in der Heimat

Schulbildung in der Heimat	Anzahl der Nennungen	In Abbildung 19 zusammengefasst zu:
kein Schulbesuch	59	kein Schulbesuch
Koranschule	6	Sonstiges
Private Schule	8	
Elementary-/Primaryschool	6	Primarstufe
Grund-/Volksschule	59	
Mittel-/Hauptschule	95	Sekundarstufe I
Gesamtschule	8	Sekundarstufe II
Secondary School	10	
Realschule	21	
Gymnasium	58	
College	3	
High School/Hochschule	33	
Fachschule	4	Berufsbildung
Berufsschule	8	
Universität	8	Universität
Gesamt	386	

n = 386

Anhang 8: Arbeitserfahrungen in der Heimat

	Arbeitserfahrung als… (Benennungen gemäß BA)	Anzahl der Nennungen
1	Verkäufer/-in	34
2	Kraftfahrzeugmechatroniker/-in	16
3	Maurer/-in	14
4	Tischler/-in	14
5	Landwirt/-in	10
6	Schneider/-in	8
7	Lackierer/in und Maler/-in	7
8	Elektroniker/-in	6
9	Friseur/-in	6
10	Kaufmann/-frau für Büromanagement	5
11	IT-System-Kaufmann/-frau	4
12	Mechaniker/-in	4
13	Fachmann/-frau für Systemgastronomie	3
14	Gärtner/-in	3
15	Kaufmann/-frau im Einzelhandel	3
16	Metallbauer/-in	3
17	Polizei, Militär	3
18	Bauingenieur/-in	2
19	Servicekraft für Schutz und Sicherheit	2
20	Übersetzer/-in, Dolmetscher/-in	2
21	Architekt/-in	1
22	Bäcker/-in	1
23	Bauzeichner/-in	1
24	Designer/-in	1
25	Fachkraft in Gastgewerbe	1
26	Gesundheits- und Krankenpfleger/-in	1
27	Goldschmied/-in	1
28	Grafikdesigner/-in	1
29	Industriekaufmann/-frau	1
30	Journalist/-in	1
31	Karosserie- und Fahrzeugbaumechaniker/-in	1
32	Kaufmann/-frau im Groß-/Außenhandel	1

	Arbeitserfahrung als… (Benennungen gemäß BA)	Anzahl der Nennungen
33	Kinderpfleger/-in (Sozialpädagogische/-r Assistent/-in)	1
34	Koch/Köchin	1
35	Konditor/-in	1
36	Pharmazeutisch-kaufmännische Angestelle/-r	1
37	Polsterer/Polsterin	1
38	Schweißer/-in	1
39	Stuckateur/-in	1
40	Synchronsprecher/-in, Tonstudio	1
	unverständlich	16
	Sonstiges	13
	keine Berufsangaben	1
	Bautechnik (unspezifisch)	13
	Ernährung und Hauswirtschaft (unspezifisch)	11
	Metalltechnik (unspezifisch)	3
	Textiltechnik und -gestaltung (unspezifisch)	3
	Gesundheit/Körperpflege (unspezifisch)	1
	Informationstechnik (unspezifisch)	1
	Wirtschaft und Verwaltung (unspezifisch)	1
	Gesamt	232

Die Angaben basieren auf n = 226. Aufgrund von Mehrfachnennungen ist die Summe der Angaben > 226.

Anhang 9: Aktuelle Berufswünsche

	Berufswünsche (Benennungen gemäß BA)	Anzahl der Nennungen
1	Kraftfahrzeugmechatroniker/-in	57
2	Elektroniker/-in	38
3	Lackierer/in und Maler/-in	22
4	Koch/Köchin	19
5	Verkäufer/-in	18
6	Kinderpfleger/-in (Sozialpädagogische/-r Assistent/-in)	17
7	Friseur/-in	14
8	Gesundheits- und Krankenpfleger/-in	13
9	Maurer/-in	13
10	Tischler/-in	13
11	Fachlagerist/-in	12
12	Hotelfachmann/-frau	11
13	Informatiker/-in	10
14	Mechatroniker/-in	9
15	Medizinische Fachangestellte/-r (Arzthelfer/-in)	9
16	Altenpfleger/-in	8
17	Berufskraftfahrer/-in	8
18	Metallbauer/-in	8
19	Pharmazeutisch-kaufmännische/-r Angestellte/-r	8
20	(Fach-)Arzt/Ärztin	7
21	Ingenieur/-in	7
22	Bäcker/-in	6
23	Kaufmann/-frau im Einzelhandel	6
24	Polizeivollzugsbeamte/-r, Offizier-, Militärfachlicher Dienst	6
25	Anlagemechaniker/-in Sanitär-, Heizungs- und Klimatechnik	5
26	Erzieher/-in	5
27	Kaufmann/-frau für Büromanagement	5
28	Konditor/-in	5
29	Mechaniker/-in	5
30	Bauzeichner/-in	4
31	IT-System-Kaufmann/-frau	4
32	Kaufmann/-frau für Verkehrsservice	4

	Berufswünsche (Benennungen gemäß BA)	Anzahl der Nennungen
33	Sozialassistent/-in	4
34	Zahnarzt/-ärztin	4
35	Designer/-in	3
36	Gesundheits- und Kinderkrankenpfleger/-in	3
37	Gesundheits- und Krankenpflegehelfer/-in	3
38	Grafikdesigner/-in	3
39	Lehrer/-in	3
40	Schneider/-in	3
41	Übersetzer/-in, Dolmetscher/-in	3
42	Werbe-/Mediengestalter/-in	3
43	Anlagenmechaniker/-in	2
44	Architekt/-in	2
45	Bankkaufmann/-frau	2
46	Bauingenieur/-in	2
47	Fachmann/-frau für Systemgastronomie	2
48	Fachverkäufer/-in im Lebensmittelhandwerk	2
49	Fliesen-, Platten- und Mosaikleger/-in	2
50	Industriekaufmann/-frau	2
51	Kosmetiker/-in	2
52	Schauspieler/-in	2
53	Schweißer/-in	2
54	Straßenbauer/-in	2
55	Tourismuskaufmann/-frau	2
56	Zerspanungsmechaniker/-in	2
57	Zweiradmechatroniker/-in	2
58	Feinwerkmechaniker/-in	1
59	Fotograf/-in	1
60	Gärtner/-in	1
61	Gießereimechaniker/-in	1
62	Hebamme	1
63	Industriemechaniker/-in	1
64	Journalist/-in	1
65	Karosserie- und Fahrzeugbaumechaniker/-in	1

	Berufswünsche (Benennungen gemäß BA)	Anzahl der Nennungen
66	Kaufmann/-frau im Groß-/Außenhandel	1
67	Klempner/-in	1
68	Konstruktionsmechaniker/-in	1
69	Künstler/-in	1
70	Landwirt/-in	1
71	Musiker/-in	1
72	Notfallsanitäter/-in	1
73	Polsterer/Polsterin	1
74	Regisseur/-in (Film oder Theater)	1
75	Servicekraft für Schutz und Sicherheit	1
76	Soziale Arbeit	1
77	Synchronsprecher/-in, Tonstudio	1
78	Zahntechniker/-in	1
	keine Berufsangabe	25
	Sonstiges	22
	unverständlich	5
	weiterführende Schule	3
	Metalltechnik (unspezifisch)	8
	Wirtschaft und Verwaltung (unspezifisch)	5
	Ernährung und Hauswirtschaft (unspezifisch)	4
	Sozialpädagogik (unspezifisch)	3
	Bautechnik (unspezifisch)	2
	Elektrotechnik (unspezifisch)	1
	Gesamt	537

Die Angaben basieren auf n = 500. Aufgrund von Mehrfachnennungen ist die Summe der Angaben > 500.

Anhang 10: Frühere Berufswünsche

	Berufswunsch früher im Falle von Abweichungen zu den heutigen Berufswünschen (Benennungen gemäß BA)	Anzahl der Nennungen
1	Kraftfahrzeugmechatroniker/-in	23
2	(Fach-)Arzt/Ärztin	14
3	Elektroniker/-in	12
4	Berufskraftfahrer/-in	10
5	Polizei, Militär	10
6	Tischler/-in	9
7	Informatiker/-in	7
8	Ingenieur/-in	7
9	IT-System-Kaufmann/-frau	7
10	Koch/Köchin	7
11	Lackierer/in und Maler/-in	6
12	Fotograf/-in	5
13	Gesundheits- und Krankenpfleger/-in	5
14	Jurist/-in	5
15	Friseur/-in	4
16	Kaufmann/-frau für Verkehrsservice	4
17	Maurer/-in	4
18	Mechaniker/-in	4
19	Pharmazeutisch-kaufmännische/-r Angestellte/-r	4
20	Schneider/-in	4
21	Hebamme	3
22	Kaufmann/-frau für Büromanagement	3
23	Musiker/-in	3
24	Verkäufer/-in	3
25	Architekt/-in	2
26	Bankkaufmann/-frau	2
27	Bauingenieur/-in	2
28	Erzieher/-in	2
29	Fachlagerist/-in	2
30	Hotelfachmann/-frau	2
31	Kaufmann/-frau – Versicherungen und Finanzen	2
32	Künstler/-in	2

	Berufswunsch früher im Falle von Abweichungen zu den heutigen Berufswünschen (Benennungen gemäß BA)	Anzahl der Nennungen
33	Mechatroniker/-in	2
34	Psychologe/-in	2
35	Bäcker/-in	1
36	Designer/-in	1
37	Fliesen-, Platten- und Mosaikleger/-in	1
38	Gießereimechaniker/-in	1
39	Goldschmied/-in	1
40	Journalist/-in	1
41	Karosserie- und Fahrzeugbaumechaniker/-in	1
42	Kaufmann/-frau im Einzelhandel	1
43	Kinderpfleger/-in (Sozialpädagogische/-r Assistent/-in)	1
44	Klempner/-in	1
45	Landwirt/-in	1
46	Lehrer/-in	1
47	Metallbauer/-in	1
48	Schauspieler/-in	1
49	Servicekraft für Schutz und Sicherheit	1
50	Sozialassistent/-in	1
51	Steinmetz/-in	1
52	Straßenbauer/-in	1
53	Stuckateur/-in	1
54	Übersetzer/-in, Dolmetscher/-in	1
	Sonstiges	13
	unverständlich	6
	keine Berufsangabe	2
	Wirtschaft und Verwaltung (unspezifisch)	2
	Bautechnik (unspezifisch)	1
	Ernährung und Hauswirtschaft (unspezifisch)	1
	Fahrzeugtechnik (unspezifisch)	1
	Metalltechnik (unspezifisch)	1
	Gesamt	230

Die Angaben basieren auf n = 233, d.h. 233 Schülerinnen und Schüler haben ausgesagt, dass sie früher einen anderen Berufswunsch hatten als heute. Letztlich wurden im folgenden Item aber nur 230 Angaben gemacht.

BEITRÄGE ZUR ARBEITS-, BERUFS- UND WIRTSCHAFTSPÄDAGOGIK

Band 1 Otto B. Flicke: Lernprozesse und Partizipation bei Arbeitsstrukturierung. Ein arbeitspädagogischer Beitrag zur Humanisierung der Arbeitswelt. 1979.

Band 2 Gerhard P. Bunk/Andreas Schelten: Ausbildungsverzicht-Ausbildungsabbruch-Ausbildungsversagen. Jugendliche Problemgruppen unter empirischem Aspekt. 1980.

Band 3 Jürgen J. Justin: Berufsvorbereitung und Berufsgrundbildung. Ein Beitrag zur Grundlegung eines modernen Ausbildungskonzepts – dargestellt am Beispiel historischer Schulprogramme. 1982.

Band 4 Andreas Schelten: Motorisches Lernen in der Berufsausbildung. 1983.

Band 5 Josef A. Feld: Das Berufsvorbereitungsjahr. Mädchen ohne Ausbildungsverhältnis als Problem der Berufsschule. 1983.

Band 6 Günter Siehlmann: Die berufliche Integration lernbeeinträchtigter Jugendlicher. Eine empirische Untersuchung der Berufswege ehemaliger Teilnehmer einer berufsvorbereitenden Maßnahme. 1983.

Band 7 Gabriele Schneider: Selbstverständnis und Strukturen der Wirtschaftspädagogik. 1984.

Band 8 Michael Stentzel: Lernschwierigkeiten von Erwachsenen in der beruflichen Weiterbildung. 1986.

Band 9 Michael Stentzel: Berufserziehung straffälliger Jugendlicher und Heranwachsender. Empirische Untersuchungen in Justizvollzugsanstalten, in privaten Initiativen der Straffälligenhilfe und in sozialpädagogisch betreuten Beschäftigungsprojekten. 1990.

Band 10 Bruno Dorn: Landwirtschaftliche Berufsausbildung in Betrieb und Berufsschule nach dem Zweiten Weltkrieg. Unter besonderer Berücksichtigung der Verhältnisse in Bayern. 1990.

Band 11 Erwin Rothgängel: Berufliche Grundbildung im Wandel: Intention – Implementation – Realisation – Evaluation, am Beispiel des Landes Rheinland-Pfalz. 1991.

Band 12 Johann Hermann Roß: Didaktische Parallelität im dualen System der kaufmännischen Berufsausbildung. Curriculumentwicklung und -revision in Berufsschule und Betrieb. 1993.

Band 13 Dieter Katz: Leseverhalten von Berufsschülern. 1994.

Band 14 Brigitta Michel-Schwartze: Die Fortbildungspolitik der Bundesanstalt für Arbeit und ihre pädagogischen Konsequenzen. 1994.

Band 15 Ralf Tenberg: Schülerurteile und Verlaufsuntersuchung über einen handlungsorientierten Metalltechnikunterricht. 1997.

Band 16 Karl Glöggler: Handlungsorientierter Unterricht im Berufsfeld Elektrotechnik. Untersuchung einer Konzeption in der Berufsschule und Ermittlung der Veränderung expliziten Handlungswissens. 1997.

Band 17 Alfred Riedl: Verlaufsuntersuchung eines handlungsorientierten Elektropneumatikunterrichts und Analyse einer Handlungsaufgabe. 1998.

Band 18 Uwe Girke: Subjektive Theorien zu Unterrichtsstörungen in der Berufsschule. Ein Vergleich von Lehrern als Lehramtsstudenten und Referendaren sowie Lehrern im ersten Berufsjahr. 1999.

Band 19 Fritz Acksteiner: Schüleraktiver Experimentalunterricht in der Berufsschule. Experimentalübungen, untersucht am Einsatz eines mobilen Lehrsystems im elektrotechnischen Unterricht. 2001.

Band 20 Clemens Espe: Komplexes Problemlösen und Zusammenhangswissen in der beruflichen Bildung. Evaluation eines Unterrichtskonzeptes zur Verbesserung des Erwerbs von Zusammenhangswissen und dessen Anwendung beim komplexen Problemlösen mittels einer Verlaufsuntersuchung und einem computersimulierten Problemlöseszenario. 2001.

Band 21 Ralf Tenberg: Multimedia und Telekommunikation im beruflichen Unterricht. Theoretische Analyse und empirische Untersuchungen im gewerblich-technischen Berufsfeld. 2001.

Band 22 Michael Vögele: Computerunterstütztes Lernen in der beruflichen Bildung. Analyse von individuellen Lernwegen beim Einsatz einer Unterrichtssoftware und Darstellung eines Unterrichts in den Ausbildungsberufen der Informations- und Telekommunikationstechnik. 2003.

Band 23 Robert Geiger: Systematik- und beispielorientierte Gestaltungsvarianten eines handlungsorientierten technischen beruflichen Unterrichts. Eine Gegenüberstellung von systematik- und beispielorientierten Gestaltungsvarianten eines Automatisierungstechnikunterrichts bei Mechatronikern. 2005.

Band 24 Susanne Schollweck: Lernprozesse in einem handlungsorientierten beruflichen Unterricht aus Sicht der Schüler. 2007.

Band 25 Markus Müller: Schulleiter und Personalauswahl. Eine Untersuchung über Entscheidungen von Schulleitern zum Eingehen eines langfristigen Personalverhältnisses in der zweiten Phase der Lehrerbildung für berufliche Schulen. 2008.

Band 26 Uwe Buchalik: Fachgespräche. Lehrer-Schüler-Kommunikation in komplexen Lehr-Lern-Umgebungen. 2009.

Band 27 Axel Grimm: Lehrerhandeln im computerunterstützten Berufsschulunterricht. Handlungsmuster von Berufsschullehrern in elektro- und metalltechnischen Lehr-Lernarrangements. 2010.

Band 28 Edda Fiebig: Technikzugang, Technikhaltung und Berufsorientierung bei Schülerinnen und Schülern. Ein Berufsinformationsprojekt. 2010.

Band 29 Tanja Erban: Das Berufsvorbereitungsjahr als Übergang von der Schule zum Beruf. Eine Längsschnittuntersuchung zum Verbleib eines Absolventenjahrgangs und zur Wirksamkeit des Berufsvorbereitungsjahres. 2010.

Band 30 Manfred Müller: Qualitätsorientierte Schulentwicklung an der Berufsschule. Entwicklung von Unterrichtsqualität mit Lehrerklassenteams. 2011.

Band 31 Laura Flacke: Transnationale Kompetenzanerkennung. Anerkennung von im Ausland erworbenen Fachkompetenzen in der Berufsausbildung. 2015.

Band 32 Tobias Greiner: Die Tätigkeit von Schulpsychologen. Eine Untersuchung an beruflichen Schulen in Bayern. 2015.

Band 33 Marcus Dengler: Empirische Analyse lernfeldbasierter Unterrichtskonzeptionen in der Metalltechnik. 2016.

Band 34 Barbara Baumann / Alfred Riedl: Neu zugewanderte Jugendliche und junge Erwachsene an Berufsschulen. Ergebnisse einer Befragung zu Sprach- und Bildungsbiografien. 2016.

www.peterlang.com

www.ingramcontent.com/pod-product-compliance
Ingram Content Group UK Ltd.
Pitfield, Milton Keynes, MK11 3LW, UK
UKHW041923210426
5322IPUK00002B/13

9 783631 674185